改变，从阅读开始

求变者

回首与重访

李礼 著

山西出版传媒集团　山西人民出版社

我们向前生活,但我们向后理解。

——索伦·克尔凯郭尔

目　录

序　我们仍是"求变"历史链条中的一环　余世存 / 001

第一章　新世界 / 001

第二章　中西 / 026

第三章　批评家 / 059

第四章　彗星 / 087

第五章　盗火人 / 118

第六章　理想国 / 154

第七章　村治 / 190

第八章　修补与破坏 / 215

第九章　从前的迷梦 / 242

第十章　黄花岗 / 269

后　记 / 296

序

我们仍是"求变"历史链条中的一环

余世存

本书部分篇什此前曾在一些书刊中拜读，印象很深。李礼先生史家渊源，加之参与主持文史书刊，学问、眼界与实务经验通融，为一般人求而不得。《求变者》因此极为可观，它是历史，亦是现实；它是学问，亦是才思；它是常识，更是问题。

《求变者》浓墨重彩写了徐继畬、张之洞、王韬、谭嗣同、严复、张謇、晏阳初、沈家本、梁启超、林觉民等十来个历史人物，另外一批近代史人物串连其中，通篇读来，也让我们重温了中国近代史。本书跟史学著作不同，它是一次由思想问题来注解的历史和现实巡礼；跟作家的文字不同，它不是文人之笔，它是史家之笔。它不是专业论述，不是历史散文，而是立足于文献常识和现实之上的"历史游记"。历史脉络、历史人物及其情境、历史人物家乡的当代情境，构成了丰富的言路思路景观，我个人饶有兴味地跟着作者巡游近代和当代。

在我的阅读感受里，《求变者》比作家的抒情或史家的专著更让我想起了传统中国那些"怀古"名篇。"屈平词赋悬日月，楚王台榭空山丘。"这一怀古可用于徐继畬身上。"吴宫花草埋幽径，晋代衣冠成古丘。"这一怀古可用在张之洞身上。"伤心秦汉，生民涂炭，读书人一声长叹。"这一怀古可用于梁启超身上。"出师未捷身先死，长使英雄泪满襟。"这一怀古可以移用到谭嗣同、严复、梁启超身上。"年少万兜鍪，坐断东南战未休。天下英雄谁敌手？曹刘。"这一怀古大概可以移用到张謇身上。"江山如画，一时多少豪杰。"这可以移用来感慨林觉民们……

作者的怀古不同于古人，《求变者》有太多可圈点的段落，但那些言思已经不同于古典时代心智头脑们的言思。古典时代具有的文化自信在张之洞的"体用说"里已经变得犹疑甚至退却。怀古是古典时代的责任，但在当代的氛围里已极为稀罕了，用作者的话，"今天，互联网和手机时代的人们像缅怀逝者一样回忆新闻纸，不觉恍如隔世。一切正在逝去，历史如疾驰而过的列车，快得让人来不及纪念。"

但正是这样变化剧烈的情境，让我们再三考量作者选择的书名：求变者。与此前近代史写作多缅怀不同，本书把当代众生相也纳入了历史考察的视野。书中固然有先贤孤独、雄健豪强的笔墨，有子孙不肖、子孙庸陋的细节；固然有历史剧变而惊心动魄、现世安稳而岁月静好的情境，但现实毕竟是历史的结果，我们是历史人物选择的结果，无论如何安稳或静好，我们仍在近代历史大的命题之下，作者暗示了这一命题，变易。我们当代人仍是"求变"历史链条中的一环。

近代以来的中国史确实有诸多误解、似是而非的结论，比如"启蒙与救亡"，比如"体用论""本位论"，比如"毕其功于一役"……事过境迁，我们才知道，国民从未毕其功，我们一直在同一役里；我们才知道，本位或殖民、体或用，其实是"将无同"；我们才知道，甚至五四新文化运动都谈不上是真正的启蒙，它和此前此后的革命一样都只是面对外来挑战而应急的表现。

李礼先生的《求变者》提出了问题，接近了历史大变革的实质。那就是，近代史的众多人物，从徐继畲以下，到张之洞、梁启超、林觉民们，都只是囿于时势的应变者、求变者，而非对华夏古典文艺的"再发现"者，也非以华夏观念为工具对世界进行总体性的说明。因此，西方历史上的"文艺复兴"和"启蒙运动"都不曾在近代中国发生。无论是五四新文化运动,还是 20 世纪 80 年代的文化启蒙,都仍是"三千年未有之大变局"的一部分。因此,对自信、静好或安稳念兹在兹者,如把本位意识立足于当代,这种看法完全没能在现实和历史面前具有超越性。因此,并不仅仅是张之洞、梁启超、胡适们昧于历史,他们处于求变的时代,处于"流质善变"的时代,尽管殚精竭虑,仍只是历史转折期不自觉的工具;昧于历史的还有当代站在历史巨人肩上的我们,如提供过历史范式的知识人或思想家们,而这个历史转型本应该是全体国民更不用说是知识人的"常识"。但是就连孙中山也幻想过"毕其功于一役",就连张謇也给袁世凯诉说过幻想,"毋为立宪共和留第二次革命之种子"。我们可以理解,中国文化从古典状态走出,至今少有人勾勒出它的未来可能。这些伟大的历史人物似乎从未想过,从自身文化变革的西方也要经过多次反复才能沉淀积累,如法国要经过多次共和革命,直到第五共和才算相对安定;那么,在很少从自家家底中汲取资源的中国转型,岂能一次变革就能"开辟"或"开悟"。那些置身于当时情境,如洋务运动、康梁革命、辛亥革命、二次革命、国民革命……如果个中人不能理解当是时在历史中的位置,个中人的思考就属于无知者的思考,只具有提供材料的意义。

甚至"三千年未有之大变局"也是值得怀疑的。这个说法基本把中国文化的经验放在孔子的天花板下面了，但即使在这个天花板下面，我们仍有春秋战国的经验。那个时代仍有几百年、一代人或数代人的弭兵和平，那个时代的历史或文化发动机也不曾惟华夏中原中心是瞻，那个时代有过百家争鸣、齐魏楚秦等多个政治文化发动机的创新。当代的纵横家基辛格不久前预言国际关系进入新时代，那是因为他基本活在一极中心里，活在希腊罗马以降至今"第四罗马"的影响中。"罗马"确是文明的发动机，直到最近的历史发展和国际关系也是如此，世界其他地区多是"罗马"下面的"行省"或化外之地。这也是基辛格们的局限，历史可以同时并存两个以上的发动机，历史有过多个中心地区共处并相互竞争或取法的经验。单一的西方文明的发展、单一的中国文明的发展，其历史都走到了尽头。

儒学的"文化普遍主义"一再想服务世界，但到目前为止，儒学还没有激活成为"世界性"；希腊罗马和希伯来等开创的文化到目前为止确实引领了世界，但它们的边缘化外、对立者、仇恨者在今天也日益明见自性并有望逐渐强大。两极、多极的文明发动机，有可能从冷战的硝烟中响起声音，成为真正激发人类、安顿人类的力量。在孔子这个天花板下面，我们也还有唐宋数百年的文化会通经验。我们把另一文明发动机——印度文化的果实拿来，化合成为一个伟大的中国宗教——禅宗，使佛家文化跟儒家道家一起成为中国人安顿自身最有效的工具或思想资源。在孔子这个天花板之外，我们还有三四千年的上古经验，在那样的创世纪里，炎黄、东夷、苗蛮等数个发动机参与，集成了华夏文明。可以想见，作为人类的大智慧者，我们可以悉知悉见未来中国和世界的统一景观；但作为凡夫俗子，我们只能在历史的大变革时代粗完性命或职尽人生而已。而要获得安顿，当然是应该像近代史以来的仁者、志者、作者们那样站在历史或巨人们的肩头，而非在碎片或山寨里不学而思、无知而行。

这样的不学或无知其实是近代革命反复并不断发生的原因之一。本书注意到近代变革中不变的一面，书中多次描写历史的细节。如说徐继畬死后，"又过了近30年，躲在使馆区逃避义和团追杀的丁韪良忽然惊惧地意识到，与新世界打交道已经几十年的中国人，可能并不了解'世界'究竟意味着什么。纸上文明对很多人来说也只是停留纸上，如果这种'文明'来自西方则更加可疑可憎。在1900年那些动荡的日子里，他和为大清海关服务多年的赫德在北京东躲西藏，'都不能不为我们毕生的工作所取得如此之小的价值深感羞愧'。丁韪良沮丧地说:'我讲了三十年的国际公法,但他们学到的竟然是公使的生命并非不可侵犯。'"

作者也注意到百年来困扰中外一流头脑的体用问题,他写道:"体用之说虽流行一时,经久不衰,却从一开始就如列文森说的那样,是个进退两难的智力难题和难以完成的任务。张之洞无法破解的难题,几场革命也无法破解。"这个"体用"问题今天仍在为我们众多的知识人学舌。

当代人之所以对近代史感兴趣,是因为近代史的问题仍是今天的问题。如作者引证李提摩太的感受:"看到民众由于政府管理不当而遭受痛苦,而那些正在改善现状的人被政府视为叛乱者,我们感到,地球上这个黑暗的角落,确实充满了冷酷和残忍。"也许正是有这些对变革的历史眼光,《求变者》对伟大的辛亥革命吝惜笔墨,因为"1911年只是拉开了一场更大变革的序幕,而非终结。一幕幕缺少脚本的历史,此后惊心动魄地上演"。破除辛亥革命等等的迷思或迷梦确实应该是当代人的责任。我至今记得,有一个年轻朋友因职业原因不得不到图书馆里翻旧报纸,当他看到辛亥革命的枪声和"武昌起义"在当时报纸上只是"小豆腐块"消息时,惊讶得在图书馆里尖叫起来,意犹未尽,又给我打电话诉说。

是的,辛亥革命只是此前此后的大变革的一部分。

这个大变革也是西方文明变革的产物，我们终于有意无意地告别了自家的古典时代或传统时代，进入到一个全球性共命运的新时代，用作者的话，这是"缺少脚本的历史"。

作者以深厚的学养为我们示范导游了历史和现实，在徒剩历史灰烬的现实大地上，我们还可以寻找到众多的世俗景观。随着历史推手们的远去，历史车轮的滚动在今天似乎只是一场"迷梦"，无数人匍匐在有限的生存里，如同作者笔下的许多现实场景，拿着名人纪念馆大门钥匙的人、在定县抄《金刚经》的人、远离市中心的黑车司机，都让人印象深刻。中国文化和人类文化到了我们当代人这里，该如何安顿它们，我们又该如何安顿自己呢？作者为我们提供了思考的张力。在历史叙述和当代叙事中，本书提供了新的可能性。

按照一些人的史观说法，每一代人无论如何变异求新，仍将归属于传统，仍只是增富了传统。但真正的历史事实是，经常会有一代或数代人消失了，或永远沉入历史的黑暗之渊，难以在历史秩序里立足。在最近几百年人类将"求变"或不得不变的时代，个人如何立足显然是一大问题。向经典归队，或守着传统经典文化，或是今人应变的一大方法。但这种做法如无历史和世界的背景，不过仍是山寨里的表现。对人类的大变，现代知识人各在自己的领域不约而同地做出了相似的结论，物理学的测不准、数学中的哥德尔定理、社会学的韦伯悖论、政治学的选举悖论、经济学的不可能定理等等，都确定地把我们人类生活推进到一个不确定的时代。

在这样的时代，经典（人物、文本等等）和变易的关系将遇到挑战，幸而古典文明仍有对变易的观察和思考。易之三义，简易、变易、不易，在任何时代都可见其轮廓，在本书涉及的历史和现实中也能见其不同的比重。"《易》之为书也！不可远，为道也屡迁，变动不居，周流六虚，上下无常，刚柔相易，不可为典要，唯变所适。"只是遗憾的是，我们现代人对这样的思考不以为然。在一场公务员考试里，主考官要求考生对这段话进行判断，它是二元论的观点、相对主义的观点，还是辩证法的观点、形而上学的观点？如果我们把《易》当作历史或经典来理解，那么坐经史而望人生才是立足或安顿的要义。如古人所说，"其出入以度，外内使知惧。又明于忧患与故。无有师保，如临父母。初率其辞而揆其方，既有典常。苟非其人，道不虚行。"

应变者、求变者等亦如是。感谢作者，让我们跟他一道巡礼变动不居的中国，开卷有益，道不虚行。

到目前为止的25年中，对夷人的历史进行研究，成了中国人从事研究的学科中最危险的学科，而一位正直的地理学家却敢于重蹈伽利略的覆辙。这位作者就是徐继畬。

——《纽约时报》1868年3月29日

第一章　新世界

1850年7月，《一部新的中文地理书》刊发于美国公理会刊物《传教先驱》，文章发自传教士弼莱门，后者1847年来到福州，不久便注意到新近出版的《瀛环志略》，它如此与众不同，令弼莱门十分吃惊。读到这篇书评的编辑同样如此，他们决定把它刊发于显著位置，并在按语中说道："中国人在学习地理学！而且不仅是地理，还包括其他国家的历史和现状！在中国至少发现了一个人，一位巡抚，赋有足够的睿智和足够的独立精神。"

此事足够大惊小怪，毕竟聚焦一本中国本土官员新著这种事，在英语世界里缺乏先例。这位巡抚名叫徐继畬,这一年他官运不佳,因为与林则徐发生冲突被贬职离开福建。他们的矛盾因"神光寺事件"而起,林主张将两个租房的英国人强硬驱出福州,徐则试图"按约理论",采取更加温和的外交策略。

被贬回京不久,徐继畬再遭厄运,直接被罢官返回故乡山西。

一

人口不足 10 万人的县城,给人的突出印象是街上稀松的人流和一块挂在 4 层楼上的巨大招牌:五台县供销合作社,这个计划经济年代的重要机构在中国多数地方已改头换面或不复存在。

县城东北方向约 60 公里,五台山拔地而起,它名扬四海,自唐代以来便是佛家香火旺地。直到今天,无数信佛和不信佛的访客仍每天源源不断地从各地慕名而来。2010 年我驱车前往时,一条直接连接五台山的高速公路正在热火朝天地修建,北京等地的旅行者不久可以长驱直入景区。

五台山下车来人往,每天飞驰而过的人们忙着求拜,很少有人会到这个也叫"五台"的县城中心。虽然守着旅游热地,五台县却长期名列山西贫困地区。这里少有漂亮的现代建筑,和几乎所有中国县城相似,更多的是一些不新不旧的五六层楼房。我住的五台宾馆,出门步行几十米就是一个店铺林立的十字路口,那里是县城最热闹的地方。这个路口向北50米,一个颇有来头的寺庙掩藏在一堆新旧杂陈的店铺中,临时搭靠在墙角的一个牌子写着三个大字:广济寺。

与旁边精致而明亮的运动鞋专卖店相比,这里是一个冷清的角落,而徐继畬就"寄存"在这座庙里。

赵广文从一间屋里出来,略感意外地接待我们。迈入大门,经过一段堆满杂物的过道才能真正进入广济寺。赵是此地文物研究所所长,也是徐继畬纪念馆馆长,参与纪念馆的创立和守护工作超过20年。始建于元代的广济寺规模宏大,因年久失修和"文化大革命"破坏,现仅存一座大雄宝殿。这里没有僧人,只有几尊栩栩如生的佛家泥塑留存着香火气。一间房屋被改造为"徐继畬纪念馆",馆前杂草丛生,一尊清代火炮被置于门口,不知寓意何在。纪念馆门前一侧摆放着据称曾为徐继畬使用的官衙器具。另一侧则放着一个关着狗的大铁笼。2010年6月10日,当我来到这里时,群狗乱吠,甚嚣尘上。

"中国在1839—1842年的鸦片战争中的失败,引出了这样一个问题:古老的儒家社会的价值和活力到底如何?战争结束后,清朝官员中的佼佼者,福建巡抚徐继畲对外部世界进行了研究,以期反观中国所处的地位"(费正清语)。徐可能是19世纪山西最具世界知名度的人物,其影响力并非来自福建巡抚、同文馆大臣这样显赫的政治身份,而是那本1848年秋刊行的《瀛环志略》。此书对近代中国甚至东亚影响颇大,不过它的作者在很长一段时间却没有得到应有的尊重。

版本各异的《瀛环志略》被存放在这座纪念馆内,自总理衙门设置以来此书便是出使欧洲的中国官员必备参考书,他们包括1867年的斌椿、1876年的郭嵩焘以及1890年的薛福成。这些后来被誉为晚清"走向世界"的先驱人物,不同程度地注意到了《瀛环志略》的开放姿态,比如不再使用"夷"来称呼欧美国家,不过直到他们真正走出国门才能感受徐继畲洞察新世界的敏锐。中国第一位正式驻外外交官郭嵩焘来到英国,立刻惊讶于前人的视野:"徐先生未历西土,所言乃确实如是,且早吾辈二十余年,非深识远谋加人一等乎!"

我们离去时纪念馆再次被锁上。门口那几条狗依然叫个不停,这里或许很久没来游人了。"徐继畲出生后,五台山及其灵验的佛爷,依然每年吸引成千上万的蒙古信徒上山朝拜。尽管徐继畲的祖居这样临近佛教圣地,却丝毫不能减轻这位儒士对印度宗教的强烈的厌恶情绪。"徐继畬权威研究者、美国学者龙夫威如此写道。不过徐的纪念馆被建在一个寺院内,如此紧密地与菩萨相伴,一定为他生前难料。

五台山的地理范围太大,游客几乎很少去主景区之外的寺庙。除了寂寞的广济寺,孤立于主景区台怀镇之外的南禅寺和佛光寺,境况也好不了多少,只有不多的外来者愿意单独去那里参观,他们主要是历史和建筑爱好者。"我们找到了唐朝的绘画、唐朝的书法、唐朝的雕塑和唐朝的建筑。个别地说,它们是稀世之珍,但加在一起它们就是独一无二的。"1937年,梁思成发现佛光寺后激动地说。唐代被视为中国建筑艺术高峰,留存至今的木结构建筑却只有4座,它们全部保存于山西,五台县这两所寺庙名列其中。缺少梁思成、林徽因传奇故事的南禅寺比佛光寺更加落寞,以至于那天我去时空无一人,需请工作人员特意把锁打开才能进入。这座小寺庙异常漂亮,它是中国现存最早的木构建筑,梁思成夫妇当年遗憾地与之擦肩而过,而现在的游人也一再错过它。

因五台重新改写中国建筑史的梁思成,其父梁启超多年以前的一次重要人生发现也与五台人有关。后者在《三十自述》里称自己途经上海,"购得《瀛环志略》读之,始知有五大洲各国"。它成为舆论巨子年轻时代观察现代世界的一个崭新窗口。

二

东冶是五台乃至忻州第一大镇，因古代冶炼铜铁得名。1795 年，徐继畬出生于此。徐氏家族为本地大家族，朝元巷一直是徐姓家族的聚居之地。

1851 年徐继畬因"神光寺事件"降职回京，次年削职回到故乡，他的第一个计划是寻一个栖身之地，清贫的前任巡抚勉强在世代居住的东冶买下一块土地，"乃得苫盖数椽为藏身之地"。

"徐继畬故居筹建处"的木牌挂在朝元巷入口处，几个字斑驳落色，饱经风雨的模样仿佛经历几个时代。当地朋友告诉我说，筹建处筹建超过 10 年还没有着落，最棘手的难题当然是资金。巷子里的住户现在仍多徐姓，这里很少有外人来往，最正常的情景是几户人家蹲坐"朝元"题字下聊天。"朝元"之名源自徐继畬一次显赫的科考成绩，不过祖上的荣光已经逝去，不再能庇荫后代的生活。

朝元巷 17 号院落不大，见到徐立栋仍要跨过几个门槛。几次拐弯后，一座玲珑精致却明显失修的门楼迎面而来，苍凉而颇有气势的主屋随后出现，这就是为数不多的徐继畬慕名者的寻访地。徐的家宅原比现在大一些，几番分割、改造后只有眼前的房子才被称为"故居"。目前故居里住着3户人家,包括徐立栋和他的后辈。

86岁的徐立栋神采奕奕,手脚利索,裤子和脚上的鞋仍带有浓浓的旧山西味道。这与其行伍出身不无关系,他曾是阎锡山警卫团一员,转为一名解放军士兵后曾作为志愿军加入朝鲜战争。徐立栋知道来访者的兴趣所在,他领着我们进屋,为客人展示家谱和名人题写的字画,挂满四壁的宗教画像、领袖画像令人眼花缭乱,局促的空间只为主人留下一张大床和一台电视。电视机不大,却可以收看五花八门的节目。徐告诉我他最爱看战斗片,就是"打日本鬼子"那种。

老房阴暗晦涩,日光似乎一下子被隔离在室外,访客如同一脚迈入另外一个时空,随处可嗅历史余味。我们的话题不久谈到朝鲜战争,老人似乎有点激动,在不大听得懂的五台话嘟囔中我听清了其中几句:"都死了","都死了"。

两个小时后,我们准备告别"故居"。徐立栋送了出来,院子角落里堆砌着煤球,几个盆里长满自种的葱叶,他饶有兴趣地指着一个盖着铁条的地洞介绍说,这是藏土豆用的。老人的日子看起来不太宽裕,却自得其乐,他坚持送客人到门口,站在那里目送访客离开。对80多岁的徐立栋来说,先人徐继畬也许是唯一能给他带来热闹的人,但短暂的热闹之后他还要回到老屋去打发有点寂寞的日子。

外来参观者不多,但断断续续有人找到这里,其中包括美国人和日本人。美国人与徐继畬渊源深厚,他们很早就注意到这位官员的不同之处。《中国丛报》1843年报道了徐作为广东按察使抵达广州,这是英文文献第一次提及徐继畬。出版者裨治文注意到,这是一位对西方看法有重大转变的人物。与他接触过的外国人发现,徐显得礼貌和友好,因此有理由认为这位官员非同寻常。

雅裨理是最早来华的美国传教士之一,在厦门,他愉快地回答了徐继畬的各种世界地理、历史问题,帮助他用中文标注地图,并为自己遇到如此一位开明官员而倍感兴奋:"他是我迄今见过的高级官员中最爱寻根究底的中国人。"1844年,两个月内雅裨理两次拜会徐继畬,后者则参观了欧洲人在厦门的住处。虽然徐对宗教的冷淡令美国人略有失望,但后者还是乐意成为他扩大视野的助手。裨治文知道这位官员有机会面见中国最高统治者,希望他能够"帮助皇帝开阔眼界",这未免想得太远。不过雅氏提供的信息确实构成《瀛环志略》的主要知识来源。日后徐继畬在书中至少6次提到雅裨理,并在序言中坦承美国人的贡献。

"中国之外有大九州,有大瀛海环之。"《瀛环志略》

的书名得自战国阴阳家邹衍。所有早期人类文明的形成，无一不受先民的地理感受或"想象"影响，中国尤其如此。宫崎市定甚至认为地理观念让中国社会变得封闭和排外，因为"中国人养成了一种容易混淆理想和现实的习惯，无论实际情况如何，中国人总是会在理念上认为中国处于世界的中心，中国的皇帝统治四海。基于此，中国人试图对这种世界中心的形式本身加以维持"。不过，1844年的徐继畬却构造出一个大异于传统的世界图景，这一年他完成了10卷《瀛环志略》初稿，用近20万字重新"定位"地球上100多个国家、地区。作者的兴趣不仅是地理，而且包括历史沿革、经济甚至政治制度，其中亚洲、欧洲和北美洲的内容尤为突出。在这本著作之前，中国人关于海外世界的最新图景来自一名叫谢清高的梅州人，后者因海上落难意外成为一名四处漂泊的水手，1820年他把自己的见闻在去世前口述给一名举人朋友杨炳南，后者稍后整理出版了《海录》，这本书不足2万字却谈及世界主要国家，比如称"咩哩干国"（美国）"原为英吉利所分封，今自为一国。风俗与英吉利同，即来广东之花旗也"。不过《海录》的内容十分简单，其中描述最详细的"英吉利国"（英国），也只有大约800字。

初稿修改4年后，《瀛环志略》首次出版。正如梁启超《中国近三百年学术史》所言，《瀛环志略》到了后来显得非常平常，但是"中国士大夫之稍有世界地理知识，实自此始"。聪明如梁启超，也是凭借此书第一次理解现代地理意义上的世界。此事想来对他影响不小，1901年，梁启超在《中国史叙论》中特辟《地势》一章，提出"地理与历史，最有紧切之关系，是读史者所最当留意也"。他也很早注意到了一件事：徐继畲的文字被刻录于华盛顿纪念塔。

三

《瀛环志略》如此推崇华盛顿和美国，确实出人意料。作者用古典笔法赞扬那个遥远国度的总统制度："开疆万里，乃不僭位号，不传子孙，而创为推举之法，几于天下为公，骎骎乎三代之遗意。"这是一次远距离大胆判断，却不失准确。徐继畲的"华盛顿论"意义深远，中国人此后对美国人的好感几乎在此定下基调，民国的亲美派思想或许可以追溯至此，19世纪的儒家精英读罢此文也颇受触动，比如曾国藩。

经由传教士丁韪良推荐，徐继畲对华盛顿的评论1853年被立石刻碑送至美国。如果在1884年落成的华盛顿纪念塔努力寻找，今天人们仍可以在第10层发现这几句话："华盛顿，异人也。起事勇于胜广，割据雄于曹刘,既已提三尺剑,开疆万里,乃不僭位号,不传子孙,而创为推举之法,几于天下为公,骎骎乎三代之遗意。其治国崇让善俗,不尚武功,亦迥与诸国异。余尝见其画像,气貌雄毅绝伦,呜呼,可不谓人杰矣哉!米利坚,合众国以为国,幅员万里,不设王侯之号,不循世及之规,公器付之公论,创古今未有之局,一何奇也!泰西古今人物,能不以华盛顿为称首哉!"为此,美国第17任总统安德鲁·约翰逊制作一幅华盛顿画像复制品送到中国,原作来自美国著名画家斯图尔特。

1867年10月21日,美中双方举行向徐继畬赠送华盛顿像仪式。美国人认为,这位中国官员因褒扬美国总统而遭受政治责难。"由于他在其著作——《世界地理及其他国家名人》中,称颂了华盛顿,被前任帝王咸丰罢黜流放。"1867年11月24日,美国驻华公使蒲安臣离开中国回国前,一份官方公报如此写道。《纽约时报》1868年3月29日饶有兴趣地报道了这场奇特外交活动:"这种对夷人的赞词,很难使中国皇帝惬意。按照先前官方通常的矩形地图,中国即'中央王国'占据着适于住人的世界的绝大部分。这种地图上全然没有南半球,没有西半球。其他国家仅仅在围绕中国的冰海的边缘。一张地图的引进,打乱了这种自鸣得意的学说。"

130年后的一个上午,时任美国总统克林顿在北京大学发表演讲，重提旧事："从我在华盛顿特区所住的白宫往窗外眺望，我们首任总统乔治·华盛顿的纪念碑高耸入云。这是一座很高的方尖碑，但就在这个大碑邻近有块小石碑，上面刻着：（米利坚）不设王侯之号，不循世及之规，公器付之公论，创古今未有之局，一何奇也。这些话并非出自美国人，而是由福建巡抚徐继畬所写，1853年中国政府将它勒石为碑作为礼物赠送给我国。我十分感谢这份来自中国的礼物。它直探我们生而为人的内心愿望：拥有生命、自由和追求幸福的权利，也有不受国家干预的言论、异议、结社和信仰等自由。这些就是我们美国220年前赖以立国的核心理念。"

与魏源的《海国图志》命运相似，日本人对《瀛环志略》的兴趣也超过中国人。1861年出版的汉文本《横滨繁昌记》"舶来书籍"一节，已经提到《瀛环志略》，这本著作来自幕府末期学者柳河春三。《瀛环志略》和《海国图志》一起，成为"兰学"之外的重要启蒙思想资源，帮助构建了日本人头脑中的近代世界图景。有意思的是，不少西方人对《瀛环志略》评价很高，却对相似的《海国图志》反应平淡。《中国丛报》对后者持负面评价，郭士立甚至称《海国图志》全书"塞满了对我们自己地图的可悲的模仿品"。对此，历史学者吴义雄的解释相当合理：除了徐继畬与西人多有交往，上述情景发生的另一个重要因素是魏源的"师夷之长技以制夷",更易被理解为一种好战姿态。

徐继畲也是鸦片战争亲历者,曾亲临福建前线。不大不小的中英战争让部分体制内精英忧虑大增,深感夷人远非自己想象的落后蛮族。李鸿章所谓数千年之变局,徐继畲则称之为"此古今一大变局"。某种意义上《瀛环志略》正是这场战争刺激的产物,不过却是少数"给中国人带来的刺激产生的第一批果实之一"(卫三畏语)。它用世界来看待万国之一的自我,虽然通过略去中国"使自己避免了提及导致最近发生的与英国的战争之原因的不愉快任务",因此"不必讨论他自己国家的宗教和制度,或是为它们辩护",但这部著作确实不同凡响,因为它"包含了比世界上任何时代的异教徒作者的作品都远为正确和广泛的关于基督教国家的历史与制度的叙述",传教士弼莱门评价说。

西方的到来并非只有洪水猛兽,也带给中国新的历史契机。因为外来者首要诉求并非消灭中国,而是将之纳入新的世界体系,从而获得巨大商业收益。郑观应、王韬、薛福成们看到了这一点,相信振兴国家的新可能或由此到来,转而呼吁中外商战或经济竞争。但他们是典型的少数派,认为新世界带来新机会的中国人寥寥无几,更多的人甚至连危机感也谈不上。改革创想在19世纪中期无法得到真正重视,难以进入高层视野。事实上,官方改革的滞后与追悔莫及正是晚清政治一大特征,当权者的危机感几乎每一次都需要血淋淋的事实才能浇醒。作为高级官员撰写的新式"地理书",《瀛环志略》的运气已经不算太坏,但它被真正重视仍要等到出版 20 年之后。

四

我试图在东冶镇寻觅一些其他遗迹,当地陪同的朋友表示为难,解释说那些东西早拆掉了。可能确实如此,东冶名列"山西省小城镇建设试点镇",繁忙的工地随处可见。于是我们转而寻找附近另一个目标:槐荫学校。那里曾以教育闻名,1913 年建成五台第一座女子学堂,当地人把这个新鲜事编入顺口溜:"东冶的馍馍,大兴的糕,槐荫的姑娘不用挑。"

小村庄守在路边,非常容易擦肩而过,进入"槐荫中学",院内雕梁画栋的中式老建筑令人眼前一亮。这所学校得益于本村一位将军赵承绶。赵早年毕业于保定军校,后任晋军骑兵司令。1933 年,赵承绶在槐荫公立学堂原址建设"槐荫村两级小学校",依山而建的学校气势恢宏,设备完善,图书馆、实验室、文体设施一应俱全,成为彼时山西甚至全国一流学校。在一幅"乐在其中"的标语下，我推开一扇歪斜的老门，弯腰钻入学校旧式礼堂，里面如今是废弃杂物的天堂，只有正规的舞台和年久失修的钢琴依稀可见昔日的优雅。午后强烈的阳光从破败的窗口投射进来，迎着阳光望出去，只见宽阔的操场和无尽的远方。曾经安坐于礼堂的学生们，便是在如此环境中感受着青春曼妙和家国危亡。

拾阶而下，走出学校，一眼看见门口一面墙壁，上列几位从此走出的省部级官员，与当下中国学校一样，财富和"级别"是遴选杰出校友最重要的指标。

前往永安村徐向前故居的路正在重修，短暂的颠簸后我们来到一片巨大的停车场。因为免费和红色旅游的号召力，游人显然比徐继畬故居多不少。不过一位戴眼镜的女工作人员介绍说，即使旅游旺季，每天的参观者也不过数以百计。现在显然是淡季，摄影师的镜头只能偶然捕捉到三五个人。老故居据称已经坍塌，"新故居"是一幢典型的晋北院式建筑，总面积约330平方米。1901年，徐向前出生于此，在这位将军的军旅生涯介绍中，西路军图文经常引起游人更多的兴趣，这段历史因复杂的背景和悲惨结局而淡出主流史书。离开时我才注意到村庄一面墙上写着两行警告："远离朔黄铁路，保全自身安全。"几百米外不时传来刺耳的火车笛声，运煤的火车大约每15分钟经过一次永安村,高峰时只有5分钟。火车满载优质煤炭,源源不断地输送到黄骅港,在那里它们被送往下一个目的地:日本。

徐继畬墓地距徐向前故居不远,不过与一再重修的元帅旧居无法同日而语,至今它还不是一个像样的"文物保护单位"。听说两位徐氏家族杰出人物共聚于建安村的徐氏宗祠,我们立即前往,运煤卡车把路碾得坑坑洼洼,短短几公里路走起来相当麻烦。一位姓师的乡长领着我们前往徐氏宗祠,费了几番周折才找到人开锁。建安村大约5000人,徐家后代多达3000人,巨大的开门声惊动了附近的村民,几位好奇者溜进了院子,想看看究竟出了什么事。一位年纪不大的阿姨拿着一把钥匙匆匆赶来,她的丈夫是看管宗祠的徐家后人。最后一道门终于被她打开,满屋照片、楹联和各式旧器物顿时迎面而来,徐姓大家族的命运在这里被紧密相连。不出意料,徐继畬、徐向前照片占据了一面墙,他们是过去100年里最值得骄傲的人物,正如画像上方一行文字所写:"汶山灵秀,昔有松龛,今有向前。""松龛",正是徐继畬的名号。

徐继畬研究得到了徐向前的支持,在此之前,帮助汇编《松龛先生全集》的却是阎锡山。后者故居位于河边镇,现属定襄,曾属五台。宅院距离徐向前故居很近,人们经常可以在阎锡山故居导游嘴里听到这样一句介绍：解放军攻克太原，正是来自五台的徐向前击败了同乡阎锡山。一场军事厮杀和政治史上的除旧布新，顿时浓缩于几十里之内。

1912年4月，革命者阎锡山从山西发出《通告全国文》，开头便是"地球转轴，大海环流，世界日新，民智日辟，交通愈广，竞争愈烈"。他将自己的革命思想萌芽与故乡先贤联系起来："锡山生长边郡，愚懋性成，髫年入塾，窃窥乡先正《瀛环志略》一书，每思航海西渡，考拿破仑、华盛顿之战绩，究卢骚、孟德斯鸠之法理。"到了1949年，曾经的革命者被新的革命者击溃。当年4月解放军攻下太原，时任省政府代主席梁化之自杀，阎氏38年之久的山西王生涯宣告结束，他将几代家族成员几乎悉数带往台湾。

始建于1913年的阎锡山故居直到1937年才完成眼前的规模，巨大的民国建筑在不太富裕的河边镇显得格外突兀。这里资源不多，阎家院落是重要旅游业财富。不过如何大做推广而同时符合"负面人物"的历史定位，是个令人头疼的问题。拥有30座庭院、800余间房屋的建筑群之所以保存至今，据说主要因为1949年后住过军队和一度作为精神病院。现在它的尴尬定位似乎已被解决，故居一部分被冠以民俗博物馆之名，同时这里被描述为"旧中国官僚最大的私人官邸"。外地游客对阎锡山兴趣浓厚,这是此行遇到访客最多的地方。事有凑巧,领着我们参观的本地女孩也姓阎,不知是否为了配合民国气质,她身着一身淡雅旗袍,引起一批大小摄影镜头尾随其后。

近代众多人物在此穿梭往来,令人眼花缭乱,如同故居主人复杂多变的人生。孙中山1911年题写的"博爱"被置于入口显眼之处,阎锡山的政治资本首先源自这位革命领袖,1905年阎在日本加入同盟会,承诺"南部各省起义时,须在晋省遥应"。辛亥革命爆发后,手控山西的阎锡山在北方一举登上中国政治舞台中心。颁布《人民须知》《家庭须知》,宣扬儒家伦理的"山西王"以孝子闻名,蒋介石、冯玉祥曾先后光临这里拜见阎锡山之父,同盟者和敌手试图通过其父来影响这位地方实力派,风云诡谲的民国政坛由此添加不少变数。中原大战迫使阎氏下野,中日战争爆发后其东山再起。1931年8月5日他乘飞机潜回大同,随即转赴河边村"隐居",从这里复出就任第二战区司令长官。由红军改编而来的第十八集团军,正属此战区下辖。

"山西王"的政绩在其生平展览里得到承认。和很多山西人一样,导游心目中的阎锡山形象不错。除了待人厚道,"六政""三事"之举也颇有口碑。"六政宣言"发布于1917年10月，旨在推行水利、蚕桑、植树与禁烟、天足、剪发；"三事"则指种棉、造林和畜牧。阎氏治下，晋省一度得"模范省"之誉，吸引河南、山东、河北大量灾民涌入。

短暂的逗留以登临高处的一次俯瞰结束。从这里望下去，高墙耸立的故居如同一座封闭的城堡。抬眼穿过院墙，一处名为"百川"的路边饭馆映入眼帘，只有这个字号还能让为数不多的旅游者突然想起，这里曾经是阎锡山（字百川）的地盘。

五

当"文化大革命"结束，中国大学恢复研究生招生，著名历史学家、华东师范大学陈旭麓教授在考卷上出了一个《瀛环志略》的题目，多数考生不知此为何物。此时，大洋彼岸一个美国人历尽十载，写成《徐继畬及其〈瀛环志略〉》一书。此人名叫龙夫威，1964年当他进入哈佛时，费正清的几个学生正组成一个小组"开始对19世纪40年代中国沿海的领导者的再评价"，研究对象包括林则徐和魏源。龙夫威变成费氏门下一名聚焦徐继畬的弟子，这使他获得哈佛大学历史学和东亚语言学博士。1975年出版的这部论著是龙夫威与繁体汉字斗争的结果，引用近200种资料的著作虽算不上多厚，却被认为是迄今为止最为经典的徐继畬和《瀛环志略》研究。"徐对西方威胁的回应，是基于对他的文化和国家的高度忠诚。不论怎样，在其《瀛环志略》中呈现出了可以感知到的一个自由的儒家学者（liberal Confucian scholar）所能宽裕地到达的智力边界的宽广极限。"作者对自己笔下的人物兴趣盎然，相当尊重。1998年克林顿访华，在北大同样不加吝啬地赞美徐继畬，兴奋的龙夫威写信告诉正在筹备《瀛环志略》出版150周年纪念的任复兴：这"真使我感动得发抖"。

任复兴时任徐继畬研究会秘书长，龙著出版15年后正是他将其引入中国。任是《忻州日报》老牌记者，发现这位伟大的本地先贤之后，他的身份又多了一个：徐继畬研究会发起人。他在北京的国家图书馆发现了《徐继畬及其〈瀛环志略〉》英文版，并翻译了它。那次出版来之不易，得到了忻州当地驻军和煤炭公司的支持。1987年任复兴发起徐继畬研究会，此后与中美同仁在大洋两岸举行几次研讨纪念会。研究会成立10年之后，他和龙夫威终于一起登上华盛顿纪念塔。一位随行的美国学术编辑写道："我们乘电梯到达纪念塔的顶部，随后沿阶梯下行，看到纪念塔内壁镶嵌着各州、各国赠送的，以及从费城消防署征集至华盛顿特区工会的192方纪念碑板。在200英尺高度，浙江省赠送的碑板镶嵌在西壁上。照相机频频闪耀，大家互相祝贺。这对任来说，是一个高峰时刻，龙也可能不例外。"

2010年6月，结束五台县之行后的一个下午，我在太原文化宫的一个画室里见到任复兴。这个画室是他每个周末待的地方，主要经营当代画家董寿平作品。任是董寿平的传记作者，曾给这位山西籍画家生前录下近百小时访谈。当然，即使是在这间小小的画室里，摆放最多的东西还是徐继畬的各种书籍。

任复兴略带山西口音，面色和蔼，颇有中国旧式文人的从容和内敛，很难想象因为"文化大革命"他曾在一个煤矿度过8年。他坐在我的对面，在堆满古书的桌子后面谈着自己的写作计划。他打算为徐继畬和其父徐润第分别写一部传记，任复兴认为《瀛环志略》体现出的卓越洞察力，主要得自作者父亲、心学家徐润第的《敦艮斋遗书》。后者为乾隆六十年进士，不过如果没有儿子的成就很多人根本不知他的存在。实际上，龙夫威也注意到了徐润第的影响，但并未对此继续加以研究。徐继畬的思想"来源"从一开始就困扰着这位美国学者。1970年，他向哈佛大学提交博士论文——《徐继畬及其〈瀛环志略〉：对非中国的世界的早期现代观察》，提出了这种困惑："不幸的是，我们对徐继畬早期的智力生活了解得太少。我还不能建立起一个在他关于中国之外的世界的著作之前，引起他的地理学兴趣的系统知识的参考书目。我无论如何都不会相信，他的地理学兴趣是突然开花，因为在回应海上来的西方人的挑战方面，他的著作是如此思辨，如此系统，如此有学者风度。"

任复兴试图回答这些问题，这位山西知识分子视野开阔，通过徐继畬打开了一扇奇妙而深邃的历史之门，并努力施展更大的文化抱负。在他看来，徐的世界观之所以超越同时代的中国人，成为所谓东方伽利略，除了继承父亲的心学、易学、气学——天人之学思想遗产，也和延绵千载的河汾学派大有关系。后者亦称晋学，素具开放性和包容性，"不抱团，不辟佛，不党同伐异"，在学术认同和传承上较为松散，遭遇异质文明挑战时却往往表现出开放和主动回应姿态。这个学派晚近代表人物之一、山西阳曲人傅山（青主），一位北方反清复明领袖，被侯外庐认为是"十七世纪中国思想界的一支异军"。

2017年，任复兴将自己的研究编纂成厚厚的《自由民主探源——徐润第徐继畬散文中外百年解读》一书出版。他告诉我，自己的下一个目标是编纂徐继畬文集，预计多达400万字。

六

1865 年,命运再次垂青年迈的徐继畬,第二次鸦片战争后,紫禁城里的最高层忽然想起了这位曾被西方人称赞的官员。在平遥教书多年之后,70 岁高龄的徐被任命为总理衙门行走,官授三品。一年之后《瀛环志略》重印,以为外交行动指导。总理衙门是两次鸦片战争失败的产物,也是清帝国不得不痛苦接受的条件。考虑到任何一次中外纠纷都可能带来意想不到的灾难,外交问题和它的主管部门开始变得无比重要,尽管开始时这个部门备受保守派厌恶,但是它的地位日益提高。到了庚子事变之后,李鸿章、张之洞等人大力推动外交人才专业化,饱受失败的最高当局不仅在 1901 年将总理衙门改为外交部,位列各部之首,此后几年更是将驻外使馆人员定为实缺。由于外交"专业化"依赖知识体系的西方化和现代化,熟悉西方政治、文化的广方言馆、同文馆知识精英因此得以走上主要岗位。比如毕业于上海广方言馆的胡惟德和陆征祥,胡 1902 年出任驻俄大使,陆征祥也不久成为风云外交官。这一切某种意义上都开始于北京的同文馆。

1867 年出任总管同文馆事务大臣之后,徐继畬打算培养一批懂西方语言和现代科学的人才。从奏请推广招考翰林、进士学习西学，到课程设置，同文馆作为一种早期模式，"已经为中国的发展提供了一套完整的高等教育的体系。当它最后在二十世纪初解散的时候，从它的创新中得到灵感的大批的学院和大学建立起来"（龙夫威语）。就连徐继畬提出的"兼容并包，智周无外"方针，看起来也传递给了同文馆的后继者，后来的北京大学校长蔡元培。

《万国公法》进入汉语世界是同文馆另一个意义深远的成果，现代政治意义上的"权利"和"民主"在此正式出现，用以指代《国际法原理》英文原著中的"right"和"democratic"。它的翻译者是1869年来到同文馆任总教习的美国传教士丁韪良。丁1850年来到宁波，曾经担任美国向徐继畬赠像仪式译员，见证了那次罕见的外交活动。他和徐继畬互相欣赏，后者为丁韪良《格物入门》一书作序推荐。至此，人们忽然发现，从眺望新世界到"发现"现代人权，20年间徐继畬卷入了19世纪中国最深刻的两次变革潮头。只是这些变革浪花来势浩大，却一时难敌古老坚固的岩石。几年之后，在保守者强烈抵制之下，同文馆一度陷入停顿，引入西学的这次历史尝试几乎与明治维新同时进行，结果却大相径庭。

徐继畬日益老去，在1873年辞世。此时中国波澜不惊,世界暗流涌动。两年前德意志帝国在一系列战争中完成统一,撬动着更加残酷的国际竞争新格局。这一年,未来的新启蒙领袖梁启超诞生于广东。下一年,苏州人王韬则在香港创办了一份民间新闻纸《循环日报》。

又过了近30年,躲在使馆区逃避义和团追杀的丁韪良忽然惊惧地意识到,与新世界打交道已经几十年的中国人,可能并不了解"世界"究竟意味着什么。纸上文明对很多人来说也只是停留纸上,如果这种"文明"来自西方则更加可疑可憎。在1900年那些动荡的日子里,他和为大清海关服务多年的赫德在北京东躲西藏,"都不能不为我们毕生的工作所取得如此之小的价值深感羞愧"。丁韪良沮丧地说:"我讲了三十年的国际公法,但他们学到的竟然是公使的生命并非不可侵犯。"

中国人的热血,已被过去20余个世纪的思想训练弄得冷却凝固。

——赫德

第二章 中西

一

1907年9月,随着一纸谕令,张之洞即将进京入职军机,管理学部。消息传来,学部上下陷入一片恐慌。这位年过70的厉害角色此前对学部"新政"多有不满,一场风暴看起来不可避免。

袁世凯同时被调离直隶总督之位,他和湖广总督张之洞据守南北,举足轻重。舆论界看好这次官场调整,《申报》发文称"环顾廷臣疆吏,由稍实政事思想而才识之足以稍备缓急者无出袁、张"。两人进京对一直存在的满汉官场矛盾看起来也大有好处。就在宣布张之洞新职务一个月前,慈禧以光绪的名义发布一条上谕,决心"全行化除"满汉畛域。

张之洞并不想离开湖北，那里的新政正搞得如火如荼。督鄂18年，他政绩斐然，实堪清廷少数值得依靠的股肱之臣，紫禁城里的最高层很早就对这位汉臣另眼相看。瞿鸿禨和岑春煊刚被罢免，张、袁入主军机表面上是这场"丁未政潮"的结果，不过两位最具实力的地方总督就此解除军政大权，被和平监视于首都也是事实。尽管张之洞看上去远比袁世凯可靠，但正如革命领袖黄兴后来所言："实际上张之洞之一举一动正受现政府的猜疑。"香帅虽非军功出身却治兵有方，湖北新军在上一年举行的练兵处巡阅中实力不逊北洋，一时吸引各界眼球，包括前来参观的487名中外观察者。

"朝廷有道青春好，门馆无私白日闲。"从长江边来到什刹海畔，张之洞的人生自此换为另一番景色："窗含西山千秋月，门泊东涯采莲船。"他的新居位于白米斜街11号，一栋"观海楼"和北方院落的混合显得别具一格，择居此处或许因为眺望水面能够唤起主人的南方记忆。353米的白米斜街地处闹中取静之处，西口直通什刹海南岸，这片水域曾是元代漕运终点，南方来的货物经京杭运河辗转通惠河进城抵达积水潭。如果仔细寻找，人们仍可以从一些北京地名目睹漕粮时代的历史余韵，比如距此不远的海运仓胡同，白米斜街则因储存大米得名。

故居如今变身庭院深深的大杂院，它曾是一处"石油部"宿舍。保存完好的主屋常年大门紧锁,只有面对后海的3层木楼对外开放,那里被改造成一座高档茶楼,每天面对川流不息的游客。什刹海游船摇曳,游人如织,夜幕降临后顿成灯红酒绿之地。如果游兴不减,几百米之外更加拥挤的南锣鼓巷便是下一处驻足之处。人们拥挤在银锭桥两岸,穿梭游荡于水边五光十色的酒吧区。只有旧影依稀的鼓楼,夜色中还不断散发久违的历史感,不过其中的人物早已烟消云散。即使有人偶尔说起汪精卫曾潜伏于此,等待一场同归于尽的刺杀,感兴趣的人也不会太多。巷落里的张之洞故居则更是如此,尽管它被标注于路口文字介绍之中。后来者对失去悬念的前尘往事缺少兴趣,好奇心早被宏大的历史定论败坏,那里没有细节和复杂性,似乎只留下一堆确定的结果。

张之洞在此度过了人生的最后两年,1909年10月4日逝去。次日,《泰晤士报》刊登了一则从北京发回的报道:"军机大臣张之洞于昨晚9时逝世。他是当今中国最著名的人士之一,举世无双的学者,在皇帝和国人心目中具有独一无二的地位。他患病期间,摄政王曾前往探望。尽管人们知道他已病入膏肓,但他的去世还是使人感到突然。人民对他的离去表示了沉痛的哀悼,不仅因为他是全国最伟大的学者,而且因为他是一个纯粹的爱国者,无人怀疑其正直的品格。尽管他任要职44年,自

1884年起在国内3个最富庶的省份担任督抚,有无数机会为个人敛财致富,但他去世时却没有留下什么财产。"文章以充满张力的方式给这位传奇人物盖棺定论:一个人身上同时集中了那么多反映中国政府的好品质和弱点,在中国也只有张之洞了。

这一年,日本人伊藤博文发出警告,中国过快的政治改革将导致3年内发生革命。狂飙突进与温和渐进路线孰是孰非,在张之洞死后一次次被重新评价,但每一次都难以绕开他在其中扮演的角色。

织染局胡同距离什刹海不远,王国维在这里住过几年,那时他短暂出任逊帝溥仪的"南书房行走"。1927年6月2日,自感走投无路的王国维自沉于昆明湖,无数人将这次自杀视为一场悲凉谢幕,中国古典知识人迎来自己的末法时代。挽词中陈寅恪所撰公认最佳,在一首悼念诗中,张之洞赫然出现:"当日英贤谁北斗?南皮太保方迂叟。忠顺勤劳矢素衷,中西体用资循诱。"

很少有几句话,能像"中学为体,西学为用"那样准确概括近代中国知识精英的内心挣扎。甚至时至今日这种彷徨仍挥之不去,尽管它已换成另一种面貌。

第一次明确把"中学为体,西学为用"连在一起的人是沈康彭。"中西学问,本自互有得失,为华人计,宜以中学为体,西学为用。"他的这篇《救时策》发表于

1885年《万国公报》第75卷。不过就思想实质而言，冯桂芬是"中体西用"更早的提倡者，"以中国之伦常名教为原本，辅以诸国富强之术"出现在1861年冯氏所著《校邠庐抗议》一书。这一年慈禧在咸丰帝去世不久发起辛酉政变，走上政治前台，她的政治同盟者议政王奕䜣目睹英法联军之威，成为汉族官员与洋务运动的坚定支持者，风头正劲的曾国藩当年获准建设安庆军械所，它可以说是这场自强运动的第一个成果。

冯桂芬为林则徐赏识，后者称他"百年以来仅见"。冯协助李鸿章引进西方武器装备淮军，他们的富强之术很大程度上来自太平军刺激。不过早期洋务知识分子对中西究竟如何融合，并无清晰思路。"冯桂芬上午与我谈了一个小时，他的观点近乎荒唐。很明显，他本人对究竟要干什么也心中无数。"1867年的一天，就职于江南制造总局的英国人傅兰雅抱怨说。不过无可否认，冯桂芬这批人已悄然使用利害、事功这样的标准来代替传统义理和道德说辞，并大胆涉足军工制造和民间工商业。要说他们对西方器物之外的力量没有感受，其实很难令人信服。只是多数官场人士尤其军功出身者，并不打算在工厂、军备之外走得更远，何况此时国家还明显缺少更大的政治变革气氛。派遣留美幼童的动议来自洋务派，这项夭折的事业以及围绕同文馆引发的巨大反对，显示

1860—1870年代保守人士仍具压倒之势。除了军事失败,深刻的危机感并没有进入北京高层的脑海,多培养几个容闳这样的人对他们缺少实质吸引力。

看过冯桂芬《校邠庐抗议》的官员不少,感兴趣的却不多。另一些人甚至指责冯著激进,惊呼这简直就是"夷法"。太平天国的覆灭以另一种方式意外强化了传统思想,后者在这次"拨乱反正"中释放的精神感召,让很多人兴奋地看到儒学经世致用和坚韧的调适能力,这看起来同样可以对付西方。同治中兴的光辉映照着自负的官僚统治集团,儒学甚至从中闪烁出一丝创造性光芒,没有人相信那可能是一种回光返照。

二

西学到了张之洞那里,明显向前迈进了一步。他笔下西学的分量远超早期洋务派,中西、体用隐然变为双峰对峙。不断升级的危机感可以部分解释这种变化,1894年之后的中国比起冯桂芬去世的1874年,已是时过境迁,江河日下。

张之洞的"学问"有目共睹,甚至梁启超这等人物也承认,看了张氏《书目答问》"始知天地间有所谓学问"。探花出身的张之洞在很长一段时间以清流健将著称，直到1884年中法战争改造了他的学者气质，使之转而成为一名务实的政界改革家。充任幕僚多年的辜鸿铭聪明绝伦，他的观察相当清晰：此役令张之洞为之一变，从此热衷西方技术，因为非此无以保住国家，无法保国则"无以保名教"。张认识到，他所面对的洋人和历史上那些蛮夷并不一样，此番欲存中学不能不从西学开始。新的挑战无比艰巨，却无法逃避。中法战争之前，担任山西巡抚的张之洞已显示务实的一面，上任后他在太原衙门旧档里发现李提摩太筑铁路、开矿藏的建议，立即派3个人去见这位英国传教士。"问我能不能放弃传教工作，参与中国政务，将自己的观点付诸实施。"李提摩太回忆说。此前当后者入晋救灾，前任巡抚曾国荃对他冷漠而抱有敌意。

中法战争让张之洞从山西巡抚调任两广总督，一展出色的调度、统筹手段，他的沉稳和战略眼光非一般文官可比，比如招安刘永福、启用冯子材。这次战争，新任总督没有让广州城重演鸦片战争连续失陷的耻辱，中国军队甚至还在台湾、中越边境打了几场胜战，让屡战屡败的清政府找回一些军事信心。当曾经的学林巨擘变为手握重权的前线督抚，暴风眼中的残酷景观令他触目惊心，巨大的危机感很快化为战后求变的急切。也是在这次战争中，张之洞因后勤问题与帝师、掌管户部的翁同龢结下矛盾,并在此后的两广新政中积怨加深。身为不同时期的清流领袖,张、翁二人均为体制内改革派人士。到了大张旗鼓的1898年,两人不同程度地推动了变法,特别是其中的教育改良。翁同龢起草勾画京师大学堂蓝图,张之洞则把地方办学经验提炼为4万字的《劝学篇》,为官方提供新的教育哲学。这一年变法失败后,两人的命运却大相径庭:翁氏被驱出北京,黯然归乡;张之洞则平安度过政乱,很快在地方大展手脚。

不过1898年的张之洞远非风平浪静,弟子杨锐菜市口问斩,不能不使他多少感到不安。早些时候刊发的《劝学篇》可能意外帮了他不少忙,助其厘清一度暧昧的政治立场。辜鸿铭甚至认为张之洞撰写《劝学篇》,为的正是"绝康梁并以谢天下耳"。《劝学篇》备受高层关注,作者因之赢得巨大声誉,被官方指定阅读后,刊行量更是惊人地超过了200万册。不过首先刊发于《湘报》的这篇长文,仔细一看却很耐人寻味,字里行间不仅常把重心落在西学之上,甚至中学也被"致用为要"的方式"损之又损",大为削减。如此处理实则相当激进,因此有学者称"这是一种相当富于想象力且具颠覆性质的主张"(罗志田语)。

更进一步,《劝学篇》明确指称西学之中"西艺非要,西政最要"。所谓"西政"所指何物?到了1901年,张之洞私下告诉两江总督刘坤一,"西法最善者"就是"上下议院互相维持之法也"。不过1898年他却并不这么认为,至少在表面上对西方议院制持批判之姿。张借用一个所谓"美国人来华者"之口,说他们的议院"下挟私,上偏徇,深以为患"(《劝学篇》)。议会对见多识广的张之洞来说并不陌生,不过它首先应是类似传统"公议"的讨论场所,然后才是一种西方政治制度。张将改良政治的希望寄于传统政治的自我改善,政治参与最好继续置于传统框架之内。他笔下所谓"民权不可僭,公议不可无",一省有大事"绅民得以公呈达于院司道府""联名公呈于都察院",说的就是这个意思。可惜这些设想充满古典理想主义,过去难以奏效,未来更像纸上谈兵。

仿效西人开议会这种事郑观应、陈炽很早就说过,但1896年《时务报》再次鼓吹,影响却非同以往。这张报纸可谓戊戌变法前奏,从一开始便获得张之洞的支持,即使后来爆发报馆产权之争,梁启超、汪康年对强学会余款各执一词,双方却共同承认张提供了最早的原始资金。后者对报纸的热情并非心血来潮,几年前李提摩太出版《时报》(1890年)已引起他的注意。"张之洞从武昌发来电报,要我把报纸直接寄给他。"李回忆说。1896年,《时务报》问世后迅速变为改革者的扩音器,报纸"在从南到北的整个帝国激起了维新思潮的涟漪"。但湖北方面很快发现,不仅康门弟子议论过于大胆,张之洞前幕僚、总经理汪康年下笔亦狂飙突进,并且常把"总理不能管主笔之事"挂在嘴边。纸上言论获得的民间喝彩此起彼伏,让报馆几位主要人物难以收敛,暗自展开一场不可言说的激进比赛,距离张之洞最初的设想越来越远。他的中西体用之说也很快被新兴维新人士超越,后者表面上尊重"中体西用",却并不满足于《劝学篇》的论调。梁启超们嘴里的中学、西学和张之洞说的越来越不是一回事。后者发出警告,却鞭长莫及,无可奈何。

改官报未遂的《时务报》不久和变法一起归于失败,未竟的改革被1900年后展开的新政默认或继承,而张之洞正是主要发起人之一。议会此时成了他眼中的变法紧要事和"诸法之根"。不过即使如此,这种判断也只能和刘坤一这样的人说说,而不可以与激进者谈。张之洞的政治立场一向以稳健为先,且"见风使舵",内外有别。他一度支持康有为、激赏梁启超,却起而反对他们切割新旧的激进政改方案。至于脱离官方的民间议会,则更难以为他容忍。1900年,上海张园国会名噪一时,参与者五花八门,其中不乏稳健人士,张却视为叛乱。张园国会的重要组织者唐才常在这一年的早些时候因自立军遇害,围剿叛乱的命令正出自湖广总督张之洞之手,后者复杂的政治脸谱因此被涂上几笔残忍之相。

三

唐才常之死是否关乎张之洞的帝王梦,是一桩引人入胜的迷案。在动荡的 1900 年捕捉扑朔迷离的人心,无疑很难。自立军行动事败,唐才常胞弟唐才中狱中写下供词称,英、美、日三国支持了这次起义,只要自立军能够占领一块根据地,各国承诺将派兵一万前来保护,日本甚至会直接派人指导军事行动。这话大可怀疑,但有一点却没错,唐才常确实选了一块举事之后的未来根据地,那就是张之洞治下的两湖。

与谭嗣同并列"浏阳二杰"的唐才常很难说到底是改良派人士,还是一位革命者,特别是当他在横滨见过孙中山之后。从日本到中国,他为自立军起义筹备了半年多,说张之洞对此一无所知很难令人信服。日本外务省档案记载称,庚子年春夏之交,张派出包括长子张权、军事官员张彪等人在内的日本考察团,后来出任荷兰大臣的外交干才钱恂也在其中,正是他传出消息说,张之洞可能联合几位总督在南京成立新政府。此事可能存在误读,但日本人似乎愿意如此理解,此前他们与湖北方面多有接触,在参谋本部派出的宇都宫太郎的日记里,张总督似有不臣之心。对此人们可以给出不同解释,但无法否认张之洞此时的暧昧。范文澜曾如此描述那种处境:"张之洞李鸿章都有自己的打算,他们观望形势,如果帝后同亡或帝存后亡,可以接受拥护,组织傀儡政府,帝亡后存或帝后同存则继续支持满清政府"。此论虽大可讨论,张氏"犹疑莫决"却大体不差。军功出身的李鸿章此时远在广州,自立之心也一度冒了出来。

"东半球利害关纽,在此数日"。张之洞在上海等地四处洽购军火,密切关注时局演变,北京政权一旦崩溃,另立联合新政权作为过渡并非没有可能。不过在混乱不堪的1900年,这更像东南互保逻辑的延续而非"叛乱",和僭越称帝不可同日而语。至于张之洞内心深处是否闪过一丝帝王梦,则只有他自己知道。如此惊心动魄之际,虽说他饱读经典,深荷君臣之伦,但儒家精英每逢天下大乱便能窥得天道轮回与民意转换,也是一条千百年潜伏心中的幽暗传统。更何况"作事之乖,设心之巧",莫如张之洞。1893年,一位同僚徐致祥在弹劾他时如此评价。

张之洞与唐才常关系微妙,人们难以洞察他们之间的更多秘密,看到的只是一个血淋淋的结局。8月21日慈禧携皇室抵达宣化府,次日唐等人被张之洞处决,时间之巧似乎难逃杀人灭口之嫌。众多年轻知识精英因此遇害，其中不乏湖北武备学堂、两湖书院学生，一些人甚至被押往学堂门外行刑，以儆效尤。然而 10 年之后新一批湖湘弟子在辛亥年重新站了出来，他们之中不乏逃过此劫的幸存者。自立军失败后他们流亡海外，转而变成坚定的革命者。

戊戌变法时张之洞曾被指为另类康党，处死唐才常却让他与一度联手改革的体制外精英彻底疏远。如果说 1898 年张之洞无法与康、梁彻底划清界限，1900 年的他却做到了。不过张对激进改革者的态度十分复杂。1898 年 12 月 21 日，日本驻沪总领事代理小田切向外务次官发回一份报告书——"湖广总督张之洞之近况及其对政变的意见"，称这位总督希望将"康有为、梁启超、王照等送出国外"，这显然比西太后要求"将其引渡或杀害彼等"更加宽容。狭间直树教授分析认为，日方基本按照这种意见推进后续行动。1898 年后，张之洞与日本走得很近，他甚至期待日方在义和团引发的国际战争中扮演正面角色，毕竟"此时日兵最多，必可主持群议"。

日本人是 1874 年左右来到汉口的。1886 年，乐善堂主人荒尾精在汉口以药店为幌子，开始四处推销泛亚洲主义，但收效甚微。那时中国精英对日本还提不起多少兴趣，早期的亚洲主义直到甲午之后才收获人心，失败的老大帝国怀着复杂的心情把目光转向日本，而后者正恼火地发现自己没有因战胜中国在欧美人眼里变得"文明",却遭受三国干涉还辽的羞辱,因此决定"返回"亚洲,联合中国对抗西方并由此坐稳亚洲霸主。1898年11月东亚同文会成立,一种亚洲门罗主义就此公开浮出水面,此后中日之间很快出现所谓"黄金十年"。美国汉学家任达认为这个时间是1898年至1907年,日本学者实藤惠秀则把1896—1905年称为中国"纯粹的亲日时代"。

  一次军事外交也许更能标志双方蜜月期的开始。1897年,日本参谋本部向北洋大臣王文韶发出示好消息,邀请中方参观当年11月在九州举行的日军演习。中国军官代表团到达长崎后受到罕见的高规格礼遇,以至于王文韶回国后提请皇帝授予日方9人宝星勋章。操纵这次军事交流的日方陆军参谋次长川上操六正是甲午战争幕后操盘者,与此同时他还派出宇都宫太郎等人接洽刘坤一和张之洞。1898年初,日本人神尾光臣带着礼品出现在张之洞面前,后者一开始表现得相当警惕,他对欧美列强和日本均持一种实用主义态度,立场摇摆不定。不过日方抛出联合培养陆军士官的想法最终打动了他,张之洞决心把学习的对象转向日本。

四

1908年11月15日,慈禧散手而去,一天前光绪帝离奇死亡,风雨飘摇的清政府一时失去重心。几天后的清东陵,几位外国记者在慈禧葬礼上惊奇地发现,一排排身穿欧式军服的新军纸人被发往阴间保护皇太后。不过慈禧没有想到,正是官方费心打造的新军在她去世3年后变成最有力量的反叛者。

张之洞对新式军队兴趣很大。湖北武备学堂1896年8月在武昌黄土坡成立时,德、日教官获邀培训中国新式军官。1894年,署理两江总督时,张之洞曾计划雇用德国人编练江南自强军,规模1万人。这项工作随着他离开江苏移交给了继任者刘坤一,德国顾问不久转至湖北。在那里日本人同样受到重视,尤其到了1898年,张之洞决定选派20名湖北学生前往日本学习军事。此举遭到学生们抵制,他们并不喜欢这个打败自己的敌国,但被张之洞"知彼知己"的传统中国兵法训导说服。在他看来,这个同文同种国家理应成为军事和教育改革的首选效仿对象。统计显示,清末武昌各军事学堂52名外籍军事教习里日本人多达43人。相比之下,北方的袁世凯对日本人参与新军则保守得多,至少开始时相当警惕。

自从江南自强军1901年划归袁世凯指挥,张之洞对他多有不满,尽管袁的实力人人看得出来,却始终没有获得张之洞的尊重。

训练新军的经费很多来自织布局。1889年,当张之洞从广东赴任湖广总督,他不仅带来辜鸿铭、赵凤昌等5位亲密幕僚,还把筹设的织布官局很快迁至武昌。"布衣兴国,蓝缕开疆",两年后湖北织布局建成,英国机器所制产品一举成功,销路大好,"每年汉口进口之洋布,已较往年少来十四万匹"。这成为张之洞自强行动的得意之作,他不时邀人在织布局一个楼台上聚会,它距离江边不远,那里帆船如织,热闹非凡,见证着张之洞治下武汉三镇的新繁华。

汉口很早便跻身19世纪中国最热闹城市之列,1850年代到此的外国人惊讶于它的巨大,开始将其与伦敦、江户相提并论。城市史学者罗威廉估算这座城市人口可达150万人,而那时只有伦敦和巴黎人口超过百万。太平军到来令汉口损失惨重,凭借地理优势它不久再次恢复元气,继续充当举足轻重的华中商业枢纽。不过,直到张之洞到来后,汉口才真正开启工业化之路,此前人们只能在英租界的几个外国工厂里看到新式蒸汽机器。

"我很少看见过比这里还要美丽的城市风光:狭窄的街道堆挤在几乎连成一片的顶棚底下,无数幅金色招牌组合成一幅闪着金属光泽的图画；熙熙攘攘的人群和各式各样的店铺把街道打扮得多姿多彩，充满了浓厚的生活情趣。美中不足的是街道太过拥挤，数不清的中国人围拥在我的身边。"1897年11月2日，德国公使海靖的夫人以赞赏口吻描述汉口，称这里的人与北京的中国人相比，"看上去要干净许多，衣着也很讲究"。而总督给她的印象则是："张之洞看上去就像一个贵重的象牙小人，而他长长的胡须又有些犹太人的影子。"到了1909年，沿长江上溯旅行的英国记者埃德温·约翰·丁格尔来到汉口，断言"世上再没有哪个中心地区的工业和商业发展前景能比汉口更光明了"。根据汉学家周锡瑞统计，1899年汉口工人为1000人，5年后超过10000人，民国初年达到30000。

机器轰隆，江声浩荡。织布局和新军这样的事业远非一朝一夕可就，四处调动的张之洞拖着自己的机器、外国顾问和理念四处奔波，最终在湖北开花结果。他相信在新机器和新政的撬动下，国家即将转入复兴之路，而训练新军看起来比发展织布局更为急迫。湖北练兵与众不同之处，首先体现于如下首条要求："入营之兵必须有一半识字"。包括第二十一混成协协统黎元洪在内，军官们招募新兵时均坚持上述文化要求。家境富裕的年轻人1900年后纷纷出国谋取洋功名，另一种风潮则是加入军旅，其中包括众多乡村秀才，他们本想进入武昌新式学堂，结果发现难以迈过学费门槛，因而转投军队。在那里，知识资历意味着很快能够成为一名下级军官，待遇不菲。新式教育和新军就这样带来了此起彼伏的挑战与机会，令湖北新军素质渐成国内一流。引发辛亥革命的新军第八镇工程第八营更是新军中的知识阶层，黎元洪正是被他们用枪顶着当上叛军首领。这些人使用西方武器，穿着新式军装，令人想起伊恩·布鲁玛笔下明治时代的日本青年，他们"接触现代性的渠道不是福泽谕吉的庆应义塾，也不是追求自由言论的社团，而是军队"。

在北方，新军驻地被要求远离天津租界，因此很难被租界生活和开放的信息感染。上海这样得风气之先的城市虽有武装驻扎却非新军，而是相对保守的军队。比较之下，湖北新军很难隔绝革命思潮影响，特别是武汉激进报纸日复一日的批评之声。早期军队里的革命者主要来自日知会和科学补习所，科学补习所成立于1904年7月，核心人物包括胡瑛、刘静庵、宋教仁、张难先和曹亚伯（张、曹二人的回忆后来变成辛亥革命重要文献）。那一年10月黄兴筹划长沙革命失败，这个组织受到波及而解散，不过当局的主要惩罚只是把"文书"宋教仁开除。随后他们改头换面为"日知会"，利用美国基督教中华圣公会教堂所设日知会阅报室作为掩护，事实证明此举十分明智。当日知会 1907 年遭到告发，圣公会教堂和美国的干预让几位领袖免于死刑，被判入狱的革命者几年后一跃成为革命元勋，除了刘静庵 1911 年 6 月死于狱中。

1909 年 12 月 13 日，张之洞刚刚去世，一个新组织——"群治学社"在武昌小东门茶馆里成立。这个底层军士组织是军中同盟会的后续，后者存在时间不长且与大本营缺乏明确关系。从日知会到群治学社以及其他更小的社团，"反抗"的力量在军中暗自蔓延。武昌起义前究竟有多少士兵秘密加入了革命党，历来说法不一，得到更多认可的数字约为 5000 人，约占新军总数 1/3。换句话说，"革命党华中分部与第八镇几乎是个同义词"（陈志让语）。

军人的开放思想与桀骜不驯直接影响武昌起义的爆发和走势。他们当中的很多人即使没有参加起义，也拒绝对抗造反士兵。"不！我们不打自己的同胞。"或者更确切些说，"我们不打我们的同种同族！"严复观察这场革命，发现这里的现代军队大多由湖北人充任军官，"这些人先在张之洞创办的军官学校中受训，而后或在湖北由日本军人加以训练，或被送往日本学习军事"。他们"吸收被曲解了的爱国主义的真理"，因此霎时将大清王朝推向绝境，"进而将中华帝国碎为齑粉"。

五

1905年，即将出国考察的五大臣北京遇刺，湖北的《楚报》赞扬暗杀者吴樾堪比历史上那些著名刺客，嘲讽大臣们短期内不可能学好宪政。这个报纸设在租界之内，忍无可忍的张之洞通过英国警察逮捕主编。武汉报刊（比如《公论报》）以大胆著称，且经常激怒外国人士，令官方头疼不已。这种势头持续到1911年，当年创刊的《大江报》更加勇敢，它曾刊发"张统制"一文，附漫画讽刺第八镇统制张彪，称其"是虎非虎，是彪非彪，不伦不类，怪物一条"，公开讽刺此人与张之洞的关系："有恃洞护身，为国之妖"。报纸上的新思想和批评气概无疑培养了一批眼界开阔的读者，其中很多人是学生和士兵，日本留学归来者加入了报纸出版队伍，那些"在日本的学生杂志上初露头角的年轻作者们回到中国之后参加了迅速发展的中国新闻业……受过教育的年轻人当上了教师和新闻记者并宣传激进思想"（周锡瑞语）。

《湖北学生界》是东京留学生反抗思想策源地之一，它的创办者多为张之洞派遣。张不仅热衷于提倡赴日留学，也是废除科举教育的幕后推手，两江总督刘坤一和山东巡抚袁世凯是另两位重要推动者。毫无疑问，就政治资历和对知识界影响而言，张之洞的号召力无人能比。身为多年清流领袖，他对文教制度的态度被认为慎重而可靠，因此潜在杀伤力实则最大。

即使不算教会学堂，废科举和设学部（1906年）之前中国实际已有各类学堂8277所，学生超过25万人。如果追溯到传教士办的早期学堂，新式教育更是由来已久。官方科举改革道光年间已经启动，至光绪年间仅官员所提改革方案已多达18种。其中著名者如1870年闽浙总督英柱等奏开算学科、1875年李鸿章建议科考加试自然、算义，以及1884年潘衍桐奏请开"艺学科"（包括制造、算学）。不过"新学"和学堂得以真正制度化却绕不开张之洞。他主导了重订学制，其中纳科举于学堂之举正是废掉科举的致命一步。张之洞的主张很清楚：救时必先变法，"变法必自变科举始"，这一点在"江楚会奏"里已毫不隐晦。这并非庚子之乱后他对中央改革意愿的临时回应，而是早有考虑。1890年，张依靠两湖茶商捐助在武昌都司湖畔创建两湖书院，从湖湘两省每年选取学生200名；1898年，他派遣姚锡光赴日考察日本学校体制，张之洞对明治维新后日本的迅速崛起抱有浓厚兴趣，这种兴趣尤其聚焦于军事和教育。"出洋一年，胜似读西书五年……入外国学堂一年，胜于中国学堂三年。"他呼吁选择同文同种、费用低廉的日本留学，这鼓励了众多中等家庭加入留学大军。镀金者虽然混迹其中，却并不影响一个新潮流的到来：以日为师。1898年至1911年，在一次流产的变法和一场成功的革命之间，不少于2.5万名留学生前往日本，构成人类历史上罕见的一场知识人口流动。

赴日学生从1900年的不足200人，一路高歌猛进，至1905年废除科举前后攀上高峰，1905年和1906年人数达8000人（据实藤惠秀），另有统计认为1906年留日学生高达12000人，这股热浪一直持续到1912年。踏上东瀛的中国年轻人忐忑不安，激动不已，快速消化着扑面而来的新观念。从天而降的新思想令人耳目一新，刚好对上自卑求变的胃口，他们转而迷上疯狂翻译日文图书。在漫长的中日交流史上，中华素以文化宗主国之姿俯视日本。即使把目光投向距离明治维新最近的江户时代（1603—1867年），200多年里日本翻译中文书籍109种，中国所译日文书仅有区区4种。如今形势颠倒过来，张之洞"译西书不如译东书"的号召很快变为现实。超过1000种日文书籍在1896年至1911年间被译成中文，其中转口翻译的西书为数不少，而且还出现了"作新社"这样旨在翻译政治思想的专业组织。对官方来说这显然有点情况不妙，它意味着学习知识开始转为表达异议和反抗。

比起华盛顿、马志尼这样的西方人物甚至日本"志士",中国的领袖看来都像风烛残年的老人(史扶邻语)。东京的中国留学生打算自己承担历史重任,出版报刊成为他们的主要手段。慢慢地,各省学生刊物竞相发言,且"以不言革命为耻"(邹鲁语)。日本出版的中文期刊不少于97种,很多设有国内代派处,比如《湖北学生界》除了日本横滨,尚有武昌、上海两个总发行处。年轻的编辑耳闻目睹日本新闻业,刊物从栏目到美术设计均领先于国内,而它们多为杂志这一事实则很好说明了强烈的议论需求。留日群体的办报热情出现过3次(1903年、1906年和1907年),背景却大不相同。第1次出自中国学生抵抗俄国的爱国主义,后两次则明显带着政治不满和革命情绪。不过出版者的流动性和热情一样大,不少"编辑""记者"纯属心血来潮,多数刊物只能存续一年半载,20余种甚至只出了一两期,超过1年的仅有9种,至少6种遭日方查禁或被迫停刊。日本政府对留学生、流亡革命者的同情和反对,一直处于摇摆之中,但最终无法超越外交利益这一底线,比如《民报》停刊系日本警察总监奉内务大臣之命加以查封,后者很大程度上根据唐绍仪访日所提要求。此外,日方之所以在1905年11月2日出台《取缔清国留学生规则》,收缩对留日群体的保护转而与中国政府合作,也是基于日俄战争后谋求中国东北地区利益。这个规则原名《关于准许清国学生入学之公私立学校之规程》，实际系清政府要求。借助日本管理"不良"青年的构思，可以追溯到几年前张之洞与日本驻华公使所订的《约束游学生章程》。

张之洞对留学生的变化早有觉察，自立军失败后他对上海国会参与者发出警告，其中《劝戒上海国会及出洋学生文》顺便警告了几句留学生，因为他发现年轻人到了东京"竟为康党所煽惑，潜与结交"。1906年，在一封秘密电报里张之洞担忧地告诉吏部尚书鹿传霖："现在各报馆皆称，各学生为中国将来主人翁，存心叵测。将来裁判，必用东洋法政学生。是天下大权，全归于数百名学生矣。"张之洞主张的《约束游学生章程》，一言以蔽之就是强化中国驻日公使馆的"约束"能力，按照这个规章学生需清国公使馆介绍方能入读日本公私学校（第一条），清国学生转学、退学需要征得公使馆同意（第四条），借此打击激进分子的意图十分明显。那时，留学生不"安分守己"在东京早不是什么新闻，日本文部省次官木场公开评论说，清国留学生"属于革命派者甚多，他们经此次省令，必然蒙受一大打击"。

输送留学生出国可能事与愿反，但张之洞并没有退缩，他坚持甄别和实行更加严格的规范，而非废除留学制度，只有那些严重违纪且"无悛改之望者"才会被勒令回国。不过他确实日益为此不安,深感留学生大患无穷,未来或将失控。

六

晚年张之洞对"新学"异常敏感,一些新名词令他十分不满,比如"公民"二字。清末遗老胡思敬曾有生动记载:"张之洞晚年,见新学猖狂,颇有悔心……一日,部员进稿中有'公民'二字,(张)裂稿抵地,大骂。"

和"公民"类似的"国民"一词很早就出现于《东西洋考每月统记传》,此后被使用得越来越多。"国权日削,国民日围",1898年保国会将这句话写入章程。国民、公民这样的指称或自谓,显示晚清中国一种新政治文化正在萌生。新名词和各种主义依托海外和租界被源源不断地输入国内,它们被视为"先进"文明并化约为简单口号,争先恐后地宣传个人权利、民主和自由。由于关系国家富强或普遍社会福祉,因此颇能迎合社会心理。日本翻译过来的新词更新了近代中国的政治表达内容和思考框架,"社会""政府""真理""主义"开始成为新的流行语。正如布尔迪厄所言,"命名是一场永不停歇的争斗,其目的是以象征符号巩固合法性。"官方意识形态在这场观念竞争中很快败下阵来,难以与舶来品抗衡。令人眼花缭乱的新思想、新名词不仅暗含新的权威，也变成对抗统治者的思想资源。"当数年以前，人民虽无新智识，然是非善恶，尚有公评。自新名词输入中国，学者不明其界说，仅据其名词之外延，不复察其名词之内容，由是为恶、为非者，均恃新名词为护身之具，用以护过饰非，而民德之坏，遂有不可胜穷者矣。"政治立场暧昧的刘师培如此慨叹。

"公民"意识和抗争姿态让张之洞不安，也流露其内心底线所在。早在1900年，沈翔云被公推执笔撰写《复张之洞书》，回击其《劝戒上海国会及出洋学生文》。其中一句可谓切中要害："不知国家与朝廷之区别。"这可能是张之洞一生难以打碎的精神镣铐，尽管他对时局保持敏锐，国际视野相当开阔，却始终怀有一颗古典心灵，这一点尤其体现在如何看待个人权利上。现代个人权利的正当性来源已从民权君授转为天赋人权，并且与古典"道德"、伦理脱嵌，这种分离某种意义上正是一种现代心灵特征，却令张之洞这样的儒家大臣倍感不适。

"民权"一说素为官方所厌。1903年，《北洋官报》用恶狠狠的语气说："吾恶吾国之言民权者。"张之洞警惕"民权"已久，莫理循注意到《劝学篇》引起的轰动，不过提醒说，人们如果看到这位总督写的"不许行民权的五个理由"，就可了解"中国政治、经济混乱和改革受阻的部分原因"。据康有为称，1898年谭嗣同奉旨北上时拜会张之洞，张如此问道："君非倡自立民权乎？今何赴征？"可见他几乎把"民权"视为一种叛逆之姿。然而围绕"民权"爆发的一场争论显示，新的时代潮流已不在张之洞这一边。1896年10月，汪康年发表《论中国参用民权之利益》一文，文字之大胆足令各界惊愕，因此有学者称"汪康年原系激进分子"（黄彰健语）。汪系张氏幕府旧人，敏感的张之洞随后发表《劝学篇》"正权篇"，实则对此加以驳斥，他痛称"民权之说一倡，愚民必喜，乱民必作，纪纲不行，大乱四起"。然而很快有两个人站出来公开反击张之洞，提醒读者说"民权者，以众得权之谓也"。撰文者何启、胡礼垣使用的武器是现代民主中的"数量政治"，他们以此挑战寡头统治和贤能政治，直接将人数多寡奉为新真理。"如以万人之乡而论，则五千人以上所从之议为有权，五千人以下所从之议为无权。以中国四万万人而论，则二万万人以上所从之议为有权，二万万人以下所从之议为无权"。（《新政真诠》）如此直白的草根权利主张，显然非张之洞之辈所能接受，但越来越多的人却对此抱有兴趣，并视为理所当然。实际上，"权利"观念经《万国公法》翻译、传播以来，至戊戌变法前后已从国家转向个人，自我觉醒的时代汹涌而至，难以阻挡。正如1903年第一期《中国白话报》写的那样:"天下是我们百姓的天下,那些事情全是我们百姓的事情。"

张之洞写就《劝学篇》的18年前,福泽谕吉将自己1870年代的17篇文章结集出版,恰好同样命名为《劝学篇》。"天未造人上之人,亦未造人下之人",这位日本思想家呼吁的时代精神却更加突出人权和平等,与学习器物、制度、文化的中国次序不同,他走了一条相反道路,首先着手文化或者说"心灵"。对背负巨大历史包袱的中国精英而言,这或许显得夸张而耻辱,看上去也无此必要,至少对成长于19世纪的儒家政治精英来说如此。张之洞反对背道忘本,无论在观念还是操作层面上,他或许想过以西援中、西体中用这种事,但圣教兴废关系中华安危的观念重新主导了晚年张之洞。只是他怎么也没有想到,1911年帝国大厦轰然倒下时,不少旧臣故吏首先想到的却是骂他。

七

"土崩瓦解、众叛亲离之大局,而吾属横被其忧。念及此,不禁放声痛哭。罪魁祸首则在张之洞、张百熙之力主令学生留学东洋。"辛亥革命一爆发,恽毓鼎便在日记里恨恨写道。给皇上写过起居注的这位国史官留下一本著名的《澄斋日记》,它一直写到民国。目睹清廷坍塌,他将根本原因首先归之于张之洞:"今日大局之坏,根于人心,而人心之坏,根于学术。若夫学术之坏,则张之洞、张百熙其罪魁也"。如果看到民国初期国民党、进步党均有一半新式教育背景,恽毓鼎的话或许不无道理,至少他从一个视角说出了文教转换与帝国衰亡之间的深刻关系。

革命在张之洞的地盘不期而至,迅速埋葬了帝制中国。这自然非张氏所期,不过历史最司空见惯之事莫过于情非所愿、适得其反。实际上,1911年的巨大转折如果没有张之洞的"功绩",清末民初的历史图景也很难被完整拼接,毕竟湖北新军和留日者主导了这场革命,其中就有1902年他派送东京留学的黄兴。革命者与张之洞的微妙关系,如同今天武昌市区的张之洞路,它与纪念辛亥革命的"首义路"构成一个奇妙十字路口,路口一角昔日驻扎着新军工程营,路口向南1000米便是楚望台军械库旧址。1911年,打响第一枪的工程营士兵将那里变为第一个大本营。堆满汉阳造和日德枪械的军械所,规模为当时中国罕见,它的创建者正是张之洞,后者打造的精良军队和兵工厂为那次反叛提供了巨大能量。

在革命者眼里,张之洞是保守而"懦弱"的臣子。"张文襄比曾文正何如?"追随张20余年的辜鸿铭曾被这样问道。他的回答是"张文襄儒臣也,曾文正大臣也"。儒臣之说,似褒似贬,可能就是李鸿章常嘲笑张之洞的书生气。然而"国无儒臣则无教","六经就是中国的宪法"(李剑农语),深具道德自主意识和超越精神的张之洞,充任传统政治"君子"时无疑魅力四射。李提摩太曾拒绝张之洞发出的幕僚邀请,但承认在当时的官员中,张"大概是唯一头脑清醒、办事认真的人",其他官员则"都在酣睡,盲目自负,对民众的苦难漠不关心"。

开拓精神与政治上的见风使舵,奇妙地结合于张之洞身上,让他能创造出东南互保这样的灵活之举,也可以利用两江总督、湖广总督之位推动中国早期现代化事业。不过,新政以加速之势急切展开,进而逼迫政治制度大幅调整,却非老迈的体制内官员所能胜任。张之洞大力发起新政,却难以控制它的狂飙突进,最终被甩在后面,他的"中体西用"也在清末10年明显走形,日益倒向"西体中用"。很难说张之洞对此毫无觉察,1907年主掌学部不久,他推行一项新工作:创办存古学堂,试图以此加大对传统的护卫。存古学堂从他的根据地湖北开始,陆续推广到全国各省。张氏文教护卫者的权威形象,经年有日,不可能短期内被挑战者推翻。1908年,一位叫邵飘萍的年轻人在一篇文章里指责《劝学篇》,因此受到了浙江省立高等学堂严厉训诫,刚刚开始为《申报》写地方通讯的未来无冕之王此时尚籍籍无名,这位充满叛逆思想的学生在老师庇护下才没有被开除。

然而动荡的国运和传统的衰败一样无法避免。张之洞去世不久,各地存古学堂到1911年陆续停了下来,"中体"和国粹彻底失去赖以附体的制度空间。出洋留学潮却是另一番风景,自闸门打开后一直奔流不息,自清末持续到民国。如果说中间有什么变化,那就是日本的风光后来慢慢被美国取代。至1920—1930年代,江苏、浙江和广东诸省青年纷纷转向大洋彼岸。

花之寺,北京右安门外曾经的一座庙宇,大清王朝倒下后这里一度成为遗老聚会之所。旧京的寺庙素有养花习俗,这里风土合宜,为帝都养花佳处,曾经海棠花盛,绚烂满目。1830年春,龚自珍曾邀请魏源等人赏花于此,那次聚会被称为公羊学派的一次检阅。公羊学派堪称今文经学最重要流派,鸦片战争后它与国家变革联系起来,重新释放力量。龚自珍和魏源均为学者刘逢禄弟子,刘对古文经发起历史性质疑,这影响了廖平以及后来的康有为,后者以此入手推动变法。

"墙头诗榜黯尘土,繁华转眼如风镫",留下《花之寺看海棠》一诗的张之洞多半来过此处,如果没在革命前两年撒手故去,不知革命风雷停歇后他是否会到此唏嘘怀旧，而一手参与策划清帝逊位的民国产婆赵凤昌，又该如何面对这位幕府旧主？

"他们都是饱读经典之士，对中国往昔的荣耀念念不忘，声称中国只要去勇敢地面对，就能把傲慢无礼的外国人赶走。其中之一是张之洞。"在华生活多年的李提摩太对张之洞抱有同情。后者也一度自信满满，入主军机处几年前他与端方在联合上奏的一个折子里坚称，"中国圣经贤传，无理不包"。这种自信却在现实面前越来越缺少说服力。帝国崩塌，民国到来，五四之后中国传统文化犹如雨下浮萍，飘零游走于各种"主义"和它们的裂缝之中。几十年后，目睹这种坎坷境遇的一批知识人牟宗三、徐复观、张君劢、唐君毅，联合发表一份《为中国文化敬告世界人士宣言》，感叹"我们记得在十八世纪前的西方曾特别推崇过中国，而十九世纪前半的中国亦曾自居上国，以西方为蛮夷。十九世纪的后半以至今日，则西方人视东方之中国等为落后之民族，而中国人亦自视一切皆不如人。此见天道转圜，丝毫不爽"。此论时值 1958 年，距张之洞去世半个世纪，此间中国对西方和世界的理解几经改弦更张。新儒家学者凭借这份宣言试图重建中西理解与平等对话，不知张之洞地下有知，该作何感慨。事实上，儒学的"文化普遍主义"从自信变为犹疑甚至退却，某种意义上正是自他而始。不过体用之说虽流行一时，经久不衰，却从一开始就如列文森说的那样，是个进退两难的智力难题和难以完成的任务。

张之洞无法破解的难题，几场革命也无法破解。

他除了喜欢冒险和对所有人和一切主题都感兴趣外，还具有报业人员的典型素质——既有理想主义又有怀疑主义……

——柯文

第三章　批评家

一

一个月黑风高的夜晚，王韬悄悄从苏州城里返回"长毛"控制的甪直，他以为故乡沦为一个恐怖之地，但母亲告诉他这里治安尚好，太平军治下的新政权没有外界想象得那么糟糕，这让王韬忽然心生期待。"于是他上书太平军领袖，不料信函为清政府所获，只得逃亡香港。"

这是一位当地退休的小学教师向我描述的王韬往事。发生在1861年的这个故事为不同历史学家争论，但都没有用王韬故乡的口音说得如此生动。不过他的形象在故乡人的头脑里，多数时候也并不清晰。比如面对提问，纪念馆管理员只好让路过的这位老教师过来和我聊聊，看上去前者对此没多少兴趣,但毕竟我是今天这里的第一位访客。

纪念馆建立于 1998 年,随着这位不同凡响的历史人物影响力与日俱增,它为甪直在竞争激烈的旅游业中增添一景。即使不去周庄,苏州市区的出租司机也更愿意推荐外地游客去别的古镇,比如木渎,一个乾隆帝多次光临的地方。苏州名镇云集,甪直显得太过平凡,但也因此留存浓厚的本地味道。

从市区穿过漂亮整洁的苏州工业园,不到一小时车程,一座江南古镇便出现在眼前。到甪直的时候天色尚早,我随意找了一个挤满当地人的路边小馆吃了一顿丰盛早餐。这是个工作日,游客不多。街道和水边回荡着吴地方言,普通话和外地游客还没有铺天盖地地到来。在早起路人有点诧异的目光里,我沿着河边寻找王韬纪念馆。晨光中,雾霭慢慢地从河水中升起,笼罩着被污染的狭长水面。

一位女管理员正在屋里打扫厅堂,对不速之客的到来感到意外。她叫住了我,告知这里需要购票。一种包括甪直多个景点的通票,即使只对王韬感兴趣,也需为其他门票买单。不过如此一来效果倒也不错,至少可以激发更多的人来到这里。甪直名人故居不算少,人们喜欢去名气更大的叶圣陶纪念馆和萧宅。本地萧氏家族诞生过一位影视红人：萧芳芳。她是 1960—1970 年代香港最为耀眼的明星之一，一度被称为 20 世纪 60 年代粤语武侠片代言人。

　　上海居此不远，世博会意外为王韬故居带来不少新人气。1868 年 1 月，王韬自香港抵达马赛，次日到达巴黎，先后参观了卢浮宫、自然博物馆、巴黎世博会会址。"开设博物大会，特为万国陈设各物公所"，"凡中外士商有瑰奇珍异之物，皆可入会，过关许免其税"。王韬的《漫游随录》甚至还描述了一个广东戏班如何登台演剧，"日赢金钱无算"，因此他一度被称为"中国亲历世博会第一人"。不过也有人认为此事只是王韬欧洲见闻，而非亲历。

　　1867 年至 1870 年的欧洲之旅，令王韬跻身欧洲早期考察者之列。算起来，欧洲之旅继上海、香港之后第三次重塑了他头脑中的世界图景。第一次震撼发生于 1847 年，当王韬从故乡来到上海，西方人带来的新气象迎面而来："一入黄歇浦中，气象顿异。从舟中遥望之，烟水苍茫，帆樯历乱，浦滨一带，率皆西人舍宇，楼阁峥嵘，缥缈云外"。这个洋人云集的新都市大异于苏州，王韬只能用"异"和"峥嵘"这样的词句冷眼旁观。几年前，英国人麦都思第一次到上海，却敏锐地预感到这座江苏县城，即将变为中国最佳商业中心。1843 年他买了一片县城北边的土地，并很快将自己在巴达维亚（今雅加达）的印刷所迁至这里。墨海书馆随后宣告成立，它不仅是传教士最早创建的专业印刷机构，还一举变成东亚知识信息传播中枢。麦都思的历史地位如此不凡，不仅这一片区域日后被称为麦家圈，上海公共租界还在他去世后以"麦都思"命名一条马路。

王韬的命运很快与麦都思的墨海书馆发生交集，虽然他的加入纯属谋生之需，甚至带着深深的无奈："家益落，以衣食计"。但这意外成为王韬一生的转折点。人类历史原本如此，总是充满种瓜得豆和无心插柳之举，大至国家，小到个人，莫不如此。苏州落魄秀才自此竟走上一条出版新闻纸的崭新之路。

二

与8次科举失败的苏州同乡、《万国公报》主笔沈毓桂相比，王韬的两三次考场失败，在皓首穷经习以为常的科举时代，算不上多么严重的打击。如果不是家庭重担很早落在身上，他可能在稍后继续走入科场，谋取更高的精英身份。转入自主谋生之路，则意味着王韬的政治机会从此逼仄，这与他的人生抱负并不相符。受母亲朱氏启蒙，少年王韬相当自负，自视颇高，远非安于市井平常生活之辈。而中国文人所接受的教育使得他们都有一颗"政治头脑",千百年来不论地位高低,中国文人共同诵读的诗书中总是渗透着"公民法则和善政良治的基本精神"。那些不在官场的文人"觉得自己同为官者的区别并不在于学问与见识的高下,而在于环境与机会的不同"(孔飞力语)。王韬也一样,其父帮助麦都思翻译并深得好评,进入墨海书馆本属子承父业,但他并不甘于这种命运。离开考场却一直没忘捕捉机会,为此王韬不放弃任何新的可能。1860年8月,"大队叛军已经到达徐家汇乡,并立即占领那里的天主堂与徐汇公学。从这时起,这地方便由从苏州赶来上海指挥进攻部队的忠王用作总部"(《北华捷报》),太平军和新机遇似乎伴随而来,就在前一年,王韬刚刚经历最后一次科考失败。

此时清政府、西方人和太平军正陷入缠斗,帝国政治秩序面目全非,南中国哀鸿遍野,一片惨状。与西方人关系密切的王韬,似乎正可跳出墨海书局施展一番拳脚。他不断向地方官员提交剿匪策略,并在1860年得到江苏巡抚徐有壬的回应。叛军席卷大半中国之际,疲于应付的各地官员致力于发动士绅,动员地方资源防守反击。不过无论宗族势力还是个人影响,王韬的能量实在有限,只是因为这名秀才态度积极、接近洋人,策略亦有可取之处,才获得苏省官员的短暂注意。但这种努力很快在叛军攻势面前败退下来。除了短暂的利用价值,王韬一官半职的幻想根本无法得到满足,随后发生的一桩历史公案或正受此刺激。

1862年2月上书太平军的"苏福省儒士黄畹"是否为王韬本人,颇有争议。这一年,忠王李秀成率领太平军再次兵临上海郊外,但阻于一场大雪和寒冷天气。清军在一次战斗中发现了署名黄畹、字兰卿的信件,投书对象正是李秀成。事实上,结交新政权此时可谓流行之举,叛军在南京刚一建国,香港总督文翰、法国公使布尔布隆、美国公使马沙利便先后拜访天国首都,打算与新政权长期打交道。容闳甚至向洪仁玕提出一系列野心勃勃的实业和军事构想。如果说王韬与容闳有什么相似之处,就是他们对清政府均缺乏深厚情感,而更关心施展自己的政治抱负。作为传教士创建的墨海书馆里的一名"秉笔华士",王韬心里究竟如何看待打着基督教旗帜的太平军,无人可知,但内心所受冲击想来不小。正如余英时所说:"太平天国的基督教义虽极尽歪曲之能事,但毕竟代表了中国人第一次利用西方的观念对自己的文化传统施以猛烈的攻击"。

和容闳一样,王韬也认识洪仁玕,后者1854年出入墨海书馆,深得麦都思欣赏。洪仁玕日后《资政新篇》一文对新闻业异常重视,无法脱离这段上海经历。他在太平天国发布的改革构想或许引来了英国人和王韬的过多期待。曾向江苏官员建议保卫上海以及如何剿杀叛军的王韬,将内容颠倒了一下对象再次向"天国"发出,此举不无夸张却并非难以理解。拿下江南大营、江北大营后的太平天国攀上耀眼的成功之巅。强烈的政治抱负和无人问津的现实,无疑在王韬身上构成一股巨大的反向动力。郁郁不乐的《新约全书》译者,面对新政权本有超过常人的复杂心情。超过10年的翻译工作,不仅让他密集接触"西方",与李善兰、伟烈亚力等人一起输入了力学、光学、天文学等开创之作,也得以深入研读《圣经》这一西方文明源头之作。在某种意义上,王韬向太平军的接近充满了象征性:西学东渐后的中国,士人的精神世界有了明显的出轨脱缰冲动。

三

上海出版的新闻纸是个新东西,王韬开始却并无多少兴趣,即使他身在墨海书馆。初到沪上,他更多陷于谋生的泥沼之中,即使有一年多时间参与《六合丛谈》,也只是其中一个小配角。1857年面世的这份刊物不仅是数得着的早期中文报刊,更重要的是比起其他宗教出版物它向前迈了一大步。如果翻一翻目录,不难发现《六合丛谈》已初具新闻杂志之貌,可惜它号称"通中外之情,载远近之事,尽古今之变",影响却非常有限,难以激发中国人对报刊"能量"的更大想象,包括王韬。他对新闻纸的真正兴趣要到远遁香港之后。

背负勾结叛军罪名的王韬处境狼狈,清廷的通缉事实上使之沦为"圣朝之弃物,盛世之罪人"。多亏麦都思之子、时任英国领事麦华佗相助,他得以躲入英国领事馆避难多日,并最终搭乘英国邮轮"鲁纳"号逃离上海。这是1862年10月4日,王韬长达23年的流亡生活就此开始。虽然他很快在香港得到一份协助英华书院院长理雅各的工作,但流亡者甚感凄凉,一直跃跃欲试的政治热情更难以排遣。此时,他距离传统读书人的功成名就,看起来遥不可及。

就在几个月前,51位日本精英搭乘"千岁丸"抵达上海(5月5日),考察团里的高杉晋作敏感地发现西方人在这里的强势地位,这位明治维新的重要人物暗自警告自我:日本不能像中国这样"堕落"。此行高杉没忘去拜访仰慕已久的墨海书馆,他读过不少那里出版的新书。上海是日本感受西方文明的窗口之一,但并非西方本身,正如英人治下的香港一样。流亡数年后,王韬终于从港岛踏上欧洲大地,这次漫长的旅行重新绘制了他头脑中的西方世界,并让他由此转入另一条人生轨迹。

1867年12月15日至1870年3月,王韬忙于参观欧洲各地，以中国著名学者身份出席大小活动，比如受邀前往牛津大学发表一次演讲，学者身份来自他出色的翻译工作。由于英国教会不满于马礼逊所译《圣经》，该译符合原著，但俚语较多，重译《圣经》的工作于是被麦都思等人承担下来，这项工作的中国合作者包括王韬父亲，后来则变成王韬本人，后者明显更加胜任此职。他译法雅致，将读者瞄准知识阶层而非劳苦大众，这无疑符合新的对中国的传教方略。新译出版备受好评，不久被英国圣经公会采纳为海外标准本，6年间印行11版，跻身中国流行最广译本之列。不过王韬变成西方人眼里的"学贯东西"之士、"华夏第一学者"并非仅因《圣经》，而是他同时还翻译了《诗经》《礼记》这样的中国经典。正是上述因素促成了他为期两年的欧洲访问。

1850年代，王韬对西方人没什么好印象。此番踏上欧洲却声称这里"人知逊让，心多意诚"。这并不奇怪，实际上到达香港不久，苏州秀才的文化优越感已开始动摇。事实摆在面前，它显然令人称奇。香港这个"蕞尔一岛"、昔日中国海滨弃地，割让英国后居然"数年间遂成市落"，"百事共举，彬彬然称治焉"。港岛之兴让他不得不承认背后必有政治原因："地之盛衰何常，在人为之耳。故观其地之兴，即知其政治之善"。康有为的人生经历与此惊人相似，他1879年到香港后夷夏观念为之松动，两年后又目睹上海新姿陷入思忖,他相信西方本土一定比繁荣有序的香港、上海文明进步,因此这一切的发生必有道德与学问"本原"。

跨出国门两年让王韬看到了"西方"本身,他对欧洲的两个事务尤其抱有兴趣:议会和报馆。如果想一想它们的共同点,人们不难发现其兴趣何在,两者均关系到如何克服上下沟通和政治参与。这一中国传统政治难题,关心它的人本应来自体制内精英,如今国运不济,"自强""自救"行动下移,轮到王韬这样的民间人士加入其中。欧洲新闻业给王韬留下深刻印象,游历英、法诸国的观感是报人广泛受到尊重,他们可以参与甚至影响政局,国家重大问题则需考虑舆论界意见。用王韬的话来说是"得持清议,于朝纲国政颇得参以政权",这和他在国内想的可不大一样。彼时西方市民社会崛起,新兴阶层启蒙批判意识大涨,新闻业正崛起为一股独立力量。当然,所谓"宰臣与主笔之士闭门密议而后定"的戏剧性画面,无疑加入了王韬的想象。萌芽阶段的中国新闻业与此图景相去甚远,但这却是未来之路,至少此情此景令王韬大受启发。在他看来新闻纸之所以具备如此威力,正因其代表民意,而官方不能"拂于民情",这无疑与传统儒家政治理想暗合。

视野倍增的王韬旅行归来已不再是一个停留于"洋

务"的知识人,而倾向于全面学习西方,他打算开办一份报纸,并将其命名为《循环日报》。实际上,自欧洲回港后王韬一度无事可做,却对印刷业兴趣日浓,特别是1873年他参与组建了一个印刷出版机构——中华印务总局,即将面世的报纸某种意义上可视为这个机构的伴生品。王韬既是中华印务总局的合伙人,也是新报主持者。比起传统书籍出版,他对新闻纸的兴趣更大。此时王韬虽不闻名于内地,在香港却颇有一些声望,加上此前出版的《普法战纪》出人意料地获得成功,一切文化、社会资源看起来水到渠成。

"循环"二字显然带有中国古典宇宙论的神秘色彩,却也显示出版者日复一日的决心。一个中国新闻业自己的经典故事就此开始,虽然它缺乏一个传奇的开场,却收获了一个难以想象的结果。

四

《循环日报》的复制品位于王韬半身铜像一侧,被突出展示在甪直纪念馆陈列室内。1897年5月,王韬病逝于上海。100年后,他的故乡筹建了这座800平方米的纪念馆。这幢清式宅园设有陈列室、故居和弢园,一个大厅名为"蘅花馆",让人想起王韬的《蘅花馆诗录》。

蘅花即杜蘅花，传统士大夫常用它比喻君子。

新报纸从一开始就定位为新闻纸，不过在王韬头脑里，它最重要的功能却是"上书"，而非传播信息。或者可以这样理解，出版者的商业诉求远不及政治参与那样饥渴。报馆一开张，馆主对中国政治、外交局势的意见便喷薄而出。上至国家外交，下到具体政务，王韬大发议论，指点江山，可谓大舒其志。虽然不少人怀疑其中未署名的那些言论很多并非他的手笔，但至少创刊初期（1875年之前）王韬确实撰文颇多，表现得异常活跃。更让他兴奋的是，凭借报刊的传播与放大，新生报纸的声音通过内地报刊转载继续扩散，不少得以进入官方视野。据不完全统计，在舆论中心上海，各报转载《循环日报》"论说"达232篇（据萧永宏）。

近代中国报刊公开讨论得以生成，带有很大的自发性，它由西方人开启，因其在清政府控制能力之外，出版于租界的报纸享有事实上的新闻自由。两次鸦片战争失败，开放租界、允许传教本属无奈之举，中国对西方的理解其实并无本质改变。但对手战场上的节节胜利无疑让老大帝国畏惧大增，中国务实理性的传统之中从来不乏学习心理，洋务运动和国人出版报刊在1860—1870年代大量涌现，并非偶然。此时，这种模仿隐含了一个事实：西方被以富强与"先进"面貌描述，虽然它还没有动摇中国精英的文化信心。鸦片战争后来华的西方人不同于16—17世纪同样带来宗教的外来者,他们经历工业革命洗礼,携带大量陌生而先进的"技器",比如印刷机。比起坚船利炮,它无疑是个平和之物。中国古典出版传统和对书面文字的偏爱,令新式报纸更容易被接受。它们的先进技术外衣在很长一段时间让国人印象深刻,以至于直到民国三年公布的《报纸条例》中,还将报纸定义为"用机械或印刷及其他化学材料印刷之文字图画"。然而更加重要的改变却在技术之外:新报刊与技术力量共同缔造了一种"先进"的报人形象,这一切自教会报刊已经开始。《教会新报》称"有泰西报纸常常议论国事遂使官场生畏",《万国公报》则提醒编辑具备独立性,以及树立主笔、报刊舆论的西方权威形象。著名的《泰西新史揽要》一书宣称,报馆"所延主笔更可得绝伦超群之名士"。《申报》则以充满尊重的口吻描述英国报刊主笔:"虽无职位于朝而名贵一时,王公大人皆与之交。"新报、新报人和新闻纸上的新内容,日益被视为一种有利于国家进步的良方。李提摩太高兴地在北京发现,士人们都在谈论连载于《万国公报》的书籍,"把它叫作新学问"。

上述观念显然影响到了早期口岸知识分子,特别是王韬和郑观应,后者所著《盛世危言》不无夸张地称《泰晤士报》馆主笔,"皆归田之宰相名臣";王韬则宣称西国日报主笔,"必精其选,非绝伦超群者,不得预备其列",他将《泰晤士报》地位描述为"人仰之几如泰山北斗,国家有大事,皆视其所言以为准则"。这样的报人远非中国民间小报加工者或送报人,简直就是举足轻重的权威人士。如此一来,中国新闻业的可能性忽然变得大不一样,本土媒体精英的崛起似乎只剩下时间问题。鸦片战争前传教士只能在广州附近从事出版,早期新闻纸因此集中于港、澳以及广州和南洋一带。不断推进的战争和随之而至的开放条约,让西方新闻出版拓展至上海和中国腹地,这让王韬这样的口岸知识分子接触新式报刊成为可能。

吸引中国早期报人的经常并非传播信息,而是将政见表达于众,特别是传递给主政者。对王韬来说尤其如此。他推崇君民共治,反对"君为主"和"民为主",认为理想政治建立于君民意见良好互动之上。王韬素有"上书"愿望和行动,只是苦于人微言轻。落足香港之前他不仅给江苏巡抚、上海道台上书若干,李鸿章、丁日昌也是其诉说对象。不幸的是,上述行动少有人理睬,但他疑为给太平军的投书却不走运地被抓住把柄。

中国弊病源自上下沟通失效,近代士大夫对此众口一词,坚信这是国家衰败的要害所在。恢复统治层与民众有效交流的呼吁自19世纪中期持续不停。从"君民不隔不如夷"（冯桂芬），到"上有德意而不宣，下有呼号而莫达"（康有为），论调大致如此。这种共识一直存于晚清精英头脑中，甚至西方人也不例外。甲午之后，林乐知以旁观者姿态点出中国政治两大弊端，其中之一仍是下情无法上达（《中东战纪本末》）。因此，近代报人最大的成就感首先来自承担上下沟通之能，它被上升到关系国家稳定和进步。到了1898年，中央政府对报纸、翻译的强国之效给予明确肯定。这年8月，一份由梁启超草拟的鼓励编译、设立编译学堂的构想获得上谕批准。根据这一计划，相关的书籍报纸一律免税。译报以通中西、知夷务之名，成为中国近代报刊正当化的内生源头，办报合法性自此得以被默认。

然而，和新式军队相似，新生的舆论界慢慢生长为一种疏离和反抗力量，最终远离官方而去。1911年，辛亥革命爆发不久，深知新闻纸利害的严复痛心疾首地声称，摄政王所倚仗的东西的基础，"已被数百个新闻记者的革命宣传瓦解了"。

五

王韬无疑受益于香港，但《循环日报》不少运作却是效法上海《申报》的结果，比如大体维持每天刊发一篇"论说"。近代中国新闻业多多少少都受益于《申报》和正在生成的现代都市文化。以《申报》来说，它的成功并非仅靠治外法权，官员们对这份报纸并非普遍怀有敌意，它在中国化方面取得了显著成功，版面和文字十分符合本土胃口。在此之前，出版于上海的另一份报纸《万国公报》立意高远，保持客观的观察者姿态，激烈批评中国弊端，诸如科举、缠足和贫困差距。《万国公报》《申报》的示范，激发社会公共讨论首先从上海的新闻业蓬勃展开。

王韬的辉煌完成于香港，起点却是上海。墨海书馆的活字板机器令观者震撼，第一次接触它的王韬对此印象深刻："车床以牛曳之，车轴旋转如飞，云一日可印数千番，诚巧而捷矣。"沪上虽然诞生各种同乡团体，但更重要的机会和挑战却是非乡村的，包括新的社群和知识生产方式，特别是其中涌现的新社团和新闻、出版机构，后者开始多为西人操办。新生活只能始于新的自我启蒙，来到上海的知识人除了学习和适应，几乎无路可走。

传统政治之下的士大夫，人臣角色不仅源自制度安排，多数时候也是无处可遁的一个物理结果。晚清开埠特别是租界作为国中之国出现，不仅打破了"率土之滨，莫非王臣"的传统，法外飞地亦深刻重塑新的政治、文化生活。此时，中国文化重心从乡村向城市发生历史性转移。以农业为基础的"社会力量"在都市被消减，文化精英开始"改宗科技与城市文化"。上海这样的都市不仅有新生活方式，也伴生新式职业和社会交往，它们被贴上先进和文明的标签，拥有全新的话语权。现代都市里的人们天然被彼此隔离，远离自然和生活现场的人群更依赖媒介所揭示的间接生活和其中的价值。大众媒体制造出的拟态世界，某种意义上正为这种生活而设。

上海的发展意外激发于两次暴乱：小刀会和太平军。小刀会起义改变华洋分居的局面，西方文化与本土互动自此更加及时、密切；太平军则驱使江浙乡绅大量涌入，1852年到1862年10年间地价涨幅高达十几倍到几十倍。"天国"覆灭后，租界人口虽一度因避难者返回故里从几十万减少到10余万，不过1867年后再次迎来新发展。因为越来越多的人发现，租界是个更加安全与自由的地方。1854年，英国、法国、美国在中方缺席的情况下草拟而成《土地章程》，中国地方政府相关管理权和租界事务审核权由此丧失，工部局则开始变成一种奇异的准市民自治政府，将租界演变为国中之国。它引入西方制度，包括一系列新闻自由制度和惯例，毕竟工部局治理四原则之一便是"自由"（自治、法治、安全、自由）。用外商名义在领事馆注册的好处，几乎谁都看得出来，清政府对此鞭长莫及，无法直接干预。报人依托租界，"始得免婴国内政治上之暴力"，姚公鹤回忆里的这句评价，一语中的。不同政见者可在此受到特别政治庇护，这种局面成为晚清上海报业发达、言论活跃的最大原因。特别是1898年后，领事团更加同情被控政治罪的中国人。在著名的"苏报案"中，租界工部局总董在一封给北京公使团的信中强调："在未经审讯和未被证实犯罪之前，不得从公共租界逮捕或带走任何本地居民，这是多年来本地施政既定原则"。

身居另一个法外空间香港，王韬的批判气质无法避免。民间报刊批判政府在香港算不得新鲜事。《循环日报》之前，任职于《中外新闻七日报》的华人记者陈霭亭对香港当局多有批判。虽说王韬办报之初不无保守，《循环日报》的言论还是很快超越"器用"，直抵"政治"。王韬本人希望中国政府"开诚布公"，使民间"成得预闻"，并为此呼吁变法和引进西方议会制度。上述政治改革"建议"谈不上激进，对体制内精英来说却显得不无冒犯。毫无疑问，《循环日报》注定无法变为"邸报"，因为那将自毁长城，失去存在价值。况且感时忧国的馆主多年政治失意，郁积颇多，也很难把自己打扮成一名合格的歌颂者。正因为如此，这份报纸针砭时弊的言论才一再被转载传播，获得尊重。开明官员们无法在体制内表达的政治意图，外逃者王韬却可以在香港完成，而他的学识和世界眼光则确保了这种批评的价值。

六

56岁的王韬结束流亡生涯返回内地，已是1884年。昔日默默无闻的秀才，此时闻名于京、沪官员与士绅群体，他们当中不少人是《循环日报》的读者。不知此时王韬是否会想起多年以前逃离上海的狼狈情景。"窜迹粤港，万非得已"，日记中他曾如此悲伤地描述。

苏州人王韬对岭南"一身作客，四顾皆海"的日子并不适应，此间"山赭石顽，地狭民鄙，烈日炎风"，"无书少读，无人与言"。待在这里，不过是因为"隐身绝岛，稍远祸机"。然而弹丸之地给他意外赢得始料不及的地位，而同时代的科举成功者则多淹没于历史红尘之中，无声无息。时至危机四伏、思想纷乱的1890年代，王韬的影响力可从以下事实得见一二。1893年，他为前来拜访的孙中山修改《上李鸿章书》，后者那时尚徘徊于革命门外。两年之后，在中国官员和知识精英群体颇有影响的广学会，以《何为当今中国变法当务之急》为题举办征文，王韬获邀担任评委主任，他将一个末等奖发给广东人康有为，后者在投稿中谈到自己的变法思想，几年后他在1898年大放异彩。

在更早的1879年，郑观应撰写《易言》求序于王韬，已看得出后者地位今非昔比。和后来的舆论家、新闻记者相比，王韬的读者规模尚小，他本人也时常被后世称为"边缘人士"。从戈公振的《中国报学史》开始，梁启超才是中国报人脱离低下地位的标志性人物，新闻记者和编辑更愿意将手头工作的现代创始人追溯到《时务报》群体。但王韬的影响虽然难以深入全国，其言论却成功扩散于精英圈，对实际政治不能不发挥相当影响，尽管这种影响经常是间接的。说到底，他才是中国第一个凭借现代新闻纸而获得尊重的本土人士。实际上，在王韬前后投身《申报》的那批秀才报人，虽无甲午后举人、进士报人的地位，却并非想象中那么落魄。1872年至1890年，《申报》发表了超过2000首竹枝词，但这不妨碍他们打开公共媒体日常批评的大门，而这正是新权力的重要来源。

报刊批评适逢其时，它首先产生于西方加之于中国的危机感，对王韬来说这更多意味着机遇。因此他多次将李鸿章所言变局描述为"四千年来未有之创局"，甚至不无兴奋地称"天之聚数十西国于一中国，非欲弱中国，正欲强中国，非欲祸中国，正欲福中国"。当然，转祸为福、变弱为强的关键在于"变"，王韬意外找到了新闻纸这种新工具。此时，几位异常清醒的求变者也围绕在《循环日报》周围，比如伍廷芳、胡礼垣，以及郑观应和马建忠。

那一代知识人里为何王韬对报刊更有兴趣？除了误打误撞的历史偶然，这首先应归因于他对新式出版的接触，不过墨海书馆里的5个中国秀才，并非都有创办报纸的兴趣。一个因素或许值得注意，和几位有所专长的同事比，王韬更像一位"通用型"文人，言论和书写是其传统旨趣，也是可以操控的看家"技能"。若非西方人敲开中国大门，这种文人的未来之路大体可以勾勒：继续痛苦地在考场中挣扎，或成为私塾教师，或充当官员幕僚，或转为商人。此时律师、大学教师、工程师这样的专业角色尚未兴起，身负"言论"之能的士人投身报业自然受能力所限，不过他们很快却体会到了这种"文化资本"的甜头，尤其对王韬这样政治参与欲望强烈的人来说。当然，第一批尝鲜者来之不易，他们不仅需要视野开阔，勇敢和怀疑主义精神也必不可少，因此显得更加罕见。王韬的愤愤不平可能对他的新事业至为关键，无论它源于性格还是一波三折的人生经历。正如汉学家柯文看到的那样，王身上确实散发着一种典型的记者气质："他除了喜欢冒险和对所有人和一切主题都感兴趣外，还具有报业人员的典型素质——既有理想主义又有怀疑主义"。因此他确实更适合变为一名媒体人士。幸运的是，王韬抓住了机会。

当传播史学家回顾历史，发现18世纪欧洲报刊使用"一种新的散文手法，以适应印刷词语的形态。这是一种语气平和的手法，通篇都保持一种调子和态度和读者说话"（麦克卢汉语）。就文本而言，王韬和《循环日报》取得了了不起的成功。梁启超经由《时务报》开始的新文体，一纸风行，人们普遍注意到了这种文风的近代世变，但"时务体"并非截断历史横空出世，王韬和他主持的报刊言论亦有相当开创之功。当然，梁启超少年放达，才情俱佳，笔下文章理性而更富感情，明显更加适应即将到来的大众时代。

据说四五岁起，王韬常听"古人节烈事"，"八九岁即通说部"，后来则喜搜集志怪小说和野史。上述经历对撰写短小的新闻评论不无益处，虽然那时他对新式报刊还一无所知，却无疑影响了后来的写作风格。何况王韬常以放荡不羁之姿示人，游山玩水，嗜酒成瘾，文章不喜羁縻，多近白话。他甚至还写过几种类型不同的小说。从传统书写角度看，《循环日报》上的文章无疑相当浅白，但现代媒体急需获取更多读者，他们在知识上层次不齐。何况受限于快速出版周期和有限的版面空间，长篇大论无法在新闻纸上展开。因此这与其说是缺点，不如说是优点。信息和传播的规模、速度以及口味正在史无前例地改变，新式报刊上的言论面貌一新，大异传统，却迎合了这一历史潮流。

七

王韬在日本名气不小，这多拜《普法战纪》所赐。东瀛读者惊异于《普法战纪》"能脱汉人常见之俗套"，《报知新闻》主编栗本锄云感到该书作者不同寻常，为此他组织一批精英共同邀请王韬访日。此举得到重野安绎、中村正直、龟谷行、冈千仞等人的支持，他们将这位中国访客尊为魏源的"继承人"和超越者。

1879年4月底，王韬自上海前往长崎。船发之日，盛宣怀、日本驻沪总领事品川忠道等人前往送行。到达东瀛，王韬变得炙手可热，各界名士争先与之交往，使他由此意外享受了一段少有的快意生活。他和黄遵宪喝酒论天，狂读日本新书，出入声色场所，日本友人则对此不以为忤，称嗜酒好色乃率性而行，流露天真。

王韬对岛国的感受却是五味杂陈。明治维新后的日本令人耳目一新，他敏锐观察到这里向西方看齐的迹象："师其所长而掩其所短，亦欲求立乎泰西诸大国之间"。王韬对此保持警惕。访日次年，早期亚洲主义苗头隐约升起,《循环日报》4月刊文介绍兴亚会(《论日本设兴亚会》),文章称"智巧日尚,则天性日漓,机变日工,则奸诈日出"。日本学者狭间直树据此认为,王韬对明治维新后的日本未必持肯定态度。事实上,逗留日本百余天,接受迎来送往待遇的王韬,骨子里仍存传统上邦大国心态,自视中国才是正途礼仪之邦。他没忘了提醒日本,不能因为维新而忘了"礼仪廉耻之风"和"忠君亲上之忱"。

远离庙堂,长期徘徊于体制之外的王韬却一直怀揣正统价值观。香港给了王韬更大言论空间,不过他却自称"韬虽身在南天,而心乎北阙,每思熟刺外事,宣扬国威。日报立言,义切尊王"。直面英人统治和西式生活,似乎经常可以激发王韬内心的正统意识,而非相反。此前,扮演着香港中文"官报"角色的是《孖剌报》的中文版《香港船头货价纸》,殖民地当局公布的"宪示"常见诸其中,它在诸如英法联军出兵中国等问题上完全立于英国立场。《循环日报》的出版则构成了一种本土立场,对西人舆论形成对冲和反制。"所有资本及局内一切事务,皆我华人操权,非别处新闻纸馆可比",报馆主人的正统意识甚至体现在报纸体例之中。"京报全录"或"京报选录"的内容被置于报纸首栏,各栏目次序格局也可见传统政治格局,比如"京报选录"之后紧接着"羊城新闻",之后才轮到香港和世界新闻。这种顺序与中央到地方的正统意识暗合。

有很长一段时间,王韬为没有子嗣感到悲哀,觉得自己有失孝道。即使大量接触外来文化,他仍坚持用儒家思维"化解"西方文明和基督教世界。1880年代早期,王韬将一批从未刊登过的文章结集为《弢园文录外编》出版,开篇便是典型儒生喜欢的常用标题:《原道》。这篇文章比附说,"耶稣教则近乎儒者也,天主教则近乎佛教者也"。正如人们已经注意到的,王韬常诋毁基督教,并把给理雅各等人信件中所称"牧师"出版时改写为"君",至于自己是否受洗则绝口不提。此事颇有争议,有学者称英国伦敦传道会档案中发现相关记录,麦都思曾收到他的一份相关申请书。更多的人则认为驱使王韬接近基督教的只是功利目的,而非信仰。

王韬的一生,不能不说受困于某种"清白"情结,他时刻没忘自己是一名朝廷通缉"犯人"。太平天国覆灭后,他一直致力于否认、洗刷罪名,为自己的过去寻找正当理由或予以再造。按照他的说法,流亡香港并非逃亡,而是"奉母避乱,侦贼遭谗"。流亡者虽然因出版报纸不断获取社会声誉,却很在乎将新的影响力转化为正统血脉,而"清白"的诉说对象无疑全部指向官方,因此王韬上书姿态和各种苦心"建言",不失为一种政治正确。《循环日报》的改革呼吁与批评则因此始终怀有一颗为君分忧之心。"区区微忱,如是而已",王韬如此自称并非只是谦辞,而是一种真实心态。

《申报》和《循环日报》陆续出版于 1870 年代,这正是清王朝一次有力的自强奋斗期,国家一度散发"中兴"气象,对文化精英的致命一击——甲午战争尚没到来,清政府的权威固然不断下落,却没有被根本动摇。《循环日报》纸上言论夹杂着恳求和不满,批判却并非主要意图。从流亡开始到 1884 年获得宽恕,王韬的面貌并非一名抗议者,而更像一位被疏远的改革呼吁者。当他返回内地,很快便投入到"自强"顾问角色之中。

"忠君爱国之念,未尝一刻忘也",王韬首先是一名士大夫,而非职业媒体人士。在很大程度上,中国本土报业先驱莫不如此,深入骨髓的儒家士大夫意识无法在这一代人身上抹去。报刊"上书"虽然形式新颖,与历史悠久的"清议"传统却一脉相承,它可以让这一群体超越自身利害,直面公共利益。西方印刷出版、电报的引入,则让大众化传播在中国慢慢成为可能。但在另一方面,本土新闻业却时刻背负着深厚的"宣传"教化传统。"中国历史上精英分子以宣传的方法,直接或间接地来启发民智或改造人民思想,在社会史与思想史两方面都有其背景"(黄克武语)。就晚清中国而言,从《皇朝经世文编》开始,部分士人已培养出通过图书出版影响他人的习惯。对那些儒家思想与责任的承继者来说,出版也好,实业也罢,新的身份都被用以应对一个痛苦的时代主题:面对中国的全面衰落,知识精英该如何挽救国家与人民?

八 尾声

离开甪直的时候,我才知道位于甪直镇下塘街6号的纪念馆并非王韬真正故居,而是本地大户、金融界人士沈再先一处旧宅。至于王韬的出生地,当地人告诉我说,大体就在附近,但建筑早已不复存在,其位置可能已属于某个学校或建筑。

1936年,《中国新闻舆论史》由芝加哥大学出版,作者林语堂直接将王韬指认为"中国新闻报纸之父"。《语丝》《人间世》相继在几年前被停刊。这多少影响了这本作品,这部英文著作寄托着一种远大抱负,它试图"对漫长的中国舆论史作一次回顾,重温其正气浩然和卑贱自污的时刻"。

王韬之后的中国新闻业轰轰烈烈地向前推进,墨海书馆所在的上海一度成为远东最富有"新闻自由"精神的城市。在悠久的历史传统中,中国知识人所追求者无非立功、立德和立言。晚清至民国之所以能够产生一系列"知识分子报人",很大程度上因新式报刊提供了集三者于一体的途径。这个群体政治上追求改良,与官方千丝万缕,但不失独立性。从梁启超、胡适、邵飘萍、胡政之到储安平,这个长长的名单经常上溯至王韬。

不过他们钟情的报刊业,始终难以独立发育,并在本可迎来成熟之际凋谢。今天,互联网和手机时代的人们像缅怀逝者一样回忆新闻纸,不觉恍如隔世。一切正在逝去,历史如疾驰而过的列车,快得让人来不及纪念。

叛逆者，君主创之以恫喝天下之名。

——谭嗣同《仁学》

第四章　彗星

除了名字，北半截胡同几乎形同消失。41号，浏阳会馆，33岁的谭嗣同1898年9月24日在此被捕，不久死于非命，为短暂的戊戌变法抹上最鲜艳的血色记忆。

相邻的南半截胡同看上去还是"胡同"模样，这里的7号绍兴会馆曾住过鲁迅。1919年，他在这里写下一篇小说《药》：华老栓费劲买来的新鲜人血馒头，却没有治好儿子的病。在充满隐喻的文字里，作者感叹革新者为民众奋斗丧生，后者却不了解前者"牺牲"所为何事。戊戌年刑场看客的喧嚣，日俄战争中围观同胞被杀的热闹，如阴郁的历史暗流，渗入鲁迅敏感的神经。

一

南北半截胡同并非一条直线,这在北京并不罕见,却给找路的人带来不少麻烦。尤其是几座金融、电信大楼从中拔地而起,更令人不识庐山真面目。问了几位路边老人,我绕了几圈才知北半截胡同其实就在自己脚下,它已经消失。不过浏阳会馆还在,甚至比以前更加"突出"。城市改造把原本位于胡同深处的会馆推至醒目之处,端坐于菜市口大街路边,只有地理标记还坚持着"胡同"的称呼。周围的一切日新月异,让这里略显破败。

谭嗣同回忆八九岁时在此读书,这一片地绝萧旷,巷无居人,后临荒野。周围数十里苇塘麦陇,看起来一副乡村模样。向远处看去,收入他眼帘的便是"西山晚晴,翠色照地,雉堞隐然高下,不绝如带"。

浏阳会馆门口刻着"谭嗣同故居",但并不显眼。它立于1991年3月,那时这里还叫宣武区。谭嗣同笔下的"京师宣武城南",一直是旧时京城会馆集中之处,不过宣武区和崇文区如今已被抹去,广大的内城腹地如今统称西城、东城区。除了定义方向,历史感似乎并不被欢迎。群居于浏阳会馆的居民们同样不欢迎莫名其妙的外来客,却也处之泰然。

院子里杂乱无章,屋顶衰草丛生。抬头看去,一棵巨树矗立院中,俯视着熙来攘往的街道,自有一番气魄。北面几间为谭嗣同旧居,9到13岁时他住在这里,短暂的一生不少文章完成于其中一处书斋,他将之命名为"莽苍苍斋",并以《莽苍苍斋诗》为名收集了自己30岁之前的诗作。1898年,抱病回到北京的谭嗣同正是在此等待死神的光临。9月24日被捕时,距离光绪帝接见仅仅过去19天。一个月前,他从南方北上,满怀希望地投身一场令人激动的变法。

不远处的菜市口地铁站今天是一个巨大的交通中心,从地下铁钻出来走上几百米,便可抵达浏阳会馆。1898年9月28日,谭嗣同与"军机四卿"中的其他3位杨锐、林旭、刘光第死于菜市口法场,杨深秀、康广仁同时遇害。就义之日,谭神闲气定,"观者万人,君慷慨神气不少变"(梁启超语)。

"中国所需要的是青年的血液,而我们在康有为和他的死义的诸同僚例子中,看到这种旺盛的精神是充沛的"。上海的英文报纸《字林西报》愤愤不平,发出断言:"这些人的精神是继续存在很多人中间的,改革一日不完成,他们不会一日休止"。假以时日,13年后谭嗣同是否会成为一位轰轰烈烈的革命家,扮演更重要的角色?历史无法假设,留下的永远是冷冰冰的后见之明。谭嗣同之死虽然壮烈,后来却被人视为过度相信死亡刺激之效,不少人为之抱憾,认为谭只是死于他所期待的理想君主。持类似观点者包括钱穆和李敖。

按照梁启超的回忆,谭嗣同确实说过:"不有死者,无以酬圣主。"但他同样说过,死君者是一种"宦官宫妾之为爱",因此"决无死君的道理"。可以肯定的是,1898年的谭嗣同,已认定流血与国家革新之间存在某种确定的因果关系,从而抱定赴死决心。"今日中国能闹到新旧两党流血遍地,方有复兴之望,不然,则真亡种矣。"在给恩师欧阳中鹄的一封信中,他这样写道。

视死如归的情愫可能萌发已久。光绪二年,母亲和兄、姐3人在一场瘟疫中相继死亡,谭嗣同则几入地狱之门,昏迷3天竟幸运醒来,因此得赐"复生"之名。昏厥与白喉此前已多次光临这个少年,每次都差点要了他的命。实际上,直到清代,夭折仍是每个中国家庭最常见的可怕威胁,甚至皇家儿女。根据不同评估,大约20%—50%的儿童无法长大成人。鬼门关前几度徘徊,没人知道谭嗣同自此会如何看待死亡。"濒死累矣,而卒不死;由是益轻其生命",这句体悟后来被他写入《仁学》,"好生而恶死"这种滋扰平常人的心态则被谭认为是"大惑不解"。人生终极难题也许在过早的假死体验中获得解答,不过对谭嗣同来说,这是知其不可为而为之的入圣精神的开始,还是宗教救世精神的光临?则无人可知。

令谭嗣同死而复生的那场瘟疫,发生在帝都北京的一个春天。1865年,谭嗣同出生于此,籍贯虽属浏阳,但父亲从生命之始已把他带出故乡,直接来到国家政治中心。他的出生地距离菜市口很近,短暂几十年的人生往返和变幻无常,竟完成于咫尺之间,生如夏花的人生轨迹始于一个绚烂的地名:烂缦胡同。

烂缦胡同,曾被称为"烂面胡同"。谭嗣同自述搬到库堆胡同(浏阳会馆)之前,他出生于"孏眠胡同",或称"懒眠胡同"。清人赵吉士描述说:"京师二月淘沟,秽气触人,烂面胡同尤甚,深广各二丈,开时不通车马。此地在悯忠寺东,唐碑称寺在燕城东南隅,疑为幽州节度使城之故壕也。"(《寄园寄所寄》)今天从烂缦胡同西拐仍可通往法源寺,即唐代悯忠寺所在地。清代这里因聚集6个会馆,其间山花烂漫故改此名。

这是北京最古老的南北向胡同之一,穿行其中,传说中住过翁同龢的常熟会馆和住过康有为的东莞会馆均不见所踪,或许仍隐于大片民居深处。1831年,龚自珍把住了几年的上斜街50号宅院卖掉,搬入距此不远的烂缦胡同。几年之后他南下丹阳书院,病死于鸦片战争爆发次年。龚自珍预感的时代风暴随后而至,国家自此面目全非，只得以腐朽之躯面对来势凶猛的新世界。24年之后，谭嗣同在这里出生，波澜不惊的烂缦胡同就这样目睹两代求变者的归去来兮。龚自珍用批判和狂狷无法改变的老大中国，谭嗣同想用变法和鲜血一搏。

谭宅旧址位于何处已不可考，一位老人告诉我大约位于湖南会馆南侧。后者被修缮保存下来，因为毛泽东曾活动于此，它变为胡同里一处爱国教育场所。1919年12月18日，毛和湖南代表团40人赴京，联络湖南籍官绅共同讨伐湖南督军张敬尧，此前毛创办的《湘江评论》被张查封。当年12月28日，烂缦胡同湖南会馆人声鼎沸，"湖南各界驱逐军阀张敬尧大会"在此召开，熊希龄等3位湘籍议员被推为代表，向北洋政府最高层主张湖南民意。

不知毛泽东有没有到过几百米外的浏阳会馆，不过他对谭嗣同尊敬有加，称这位湖南先烈"魄力颇雄大，诚非今日俗学所可比拟"。与谭嗣同相似，毛对湖南感情复杂，既充满湘人的自信，也不满于保守之风。谭嗣同称湘人不幸处于未通商之地，"不识何为中外，方自以为巍巍然尊"。《湘江评论》以同样口吻写道："住在这江上和它邻近的民众，浑浑噩噩，世界上的事情，很少懂得。他们没有有组织的社会，人人自营散处，只知有最狭的一己，和最短的一时，共同生活，久远观念，多半未曾梦见。"军阀派系之争令"驱张运动"终获成功,此后毛泽东走得更远。1920年,他一边忙着筹备湖南共产主义小组,一边积极鼓动湘省独立。与李石曾、李大钊接触后的未来政坛领袖,头脑中混杂着无政府主义和马克思主义,日益感到旧手段解决不了"腐败绝顶的政府,娼妓生涯的党徒",进而转变成一名更加激进的革命者。

五四运动此时刚刚落幕,这场从北京、上海发起的民族主义运动,裴士锋却看到了湖南的另一番景象:"国是湖南,侵犯湖南的帝国是中国"。五四运动在那里转变为另外一项运动:"完全不关心中华民国的存亡,其主要宣传反倒主张湖南自立为另一个国家。"曾任教长沙雅礼中学英文教师的裴是史景迁弟子,对湖南抱有浓厚兴趣。在《湖南人与现代中国》一书里他将现代湖南人性格的源头追溯至17世纪的王夫之,称其为数代湖南行动主义者的精神导师。"透过他,他们能离开帝国传统,指出他们的湖南家乡独特的新思维模式。他们相信,他的反抗与蔑视当道的精神流淌在他们湖南人的血液里。"

辛亥之前,这些行动主义者包括谭嗣同、唐才常、陈天华、杨毓麟,以及此后搅动民国政局的黄兴、宋教仁和蔡锷。湘省本为多民族之地,却素有中华文化传承的强烈自觉,宋代之后北人南移,尤其如此。惟楚有材的文化自豪感令湖南为维护正统文明不遗余力,近代湘军对抗太平军、辛亥反抗异族统治,均可见这种激情。这种现象该如何解释是一个引人关注的老话题。但可以肯定的是,曾国藩、左宗棠等中兴之臣挽救清廷于既倒,让谭嗣同这样的后来者深感不安,甚至一度"耻恶湘军"。与主张"君虽不仁,臣不可以不忠;父虽不慈,子不可以不孝"的曾国藩相比,谭嗣同开始的新一代湖南知识精英,赋予了自身更多反叛者角色。

二

对很多中国人尤其是1949年前后的一代人来说,知晓浏阳并非因为谭嗣同,而是通过一首红色歌曲《浏阳河》,它改编自1950年代一首土改歌曲——花鼓戏《双送粮》。浏阳河流域堪称革命沃土,一批近代革命者诞生于此,如果从大湘江视野观之,这个群体的规模更为庞大。

位于浏阳河之北、名称源自"山水阴阳"传统的浏阳还有一个洋气的别名:"东方小瑞士"。小城四面环山,风景优美,不过谭嗣同故居才是市区最为知名的景观。"大夫第官邸"位于一条繁华的街边,古色古香的韵味使它格外突出,如今这里作为爱国教育场所免费对外开放。这处府宅和包括墓地在内的几处谭嗣同故迹,迄今已为当地吸引千万外来客。

不过直到1877年,12岁的谭嗣同才第一次回到故乡。那时浏阳非常保守,人们在这个山谷里的小城耕植自足,不愿离开故乡,甚至几代人足不出城终老于此,以致本地从军者人数"视它县无十之一"。谭氏丁男也不例外,"尤惴惴不敢远出",谭嗣同在《忠义家传》里描述说。不过先后考中举人、进士的谭继洵,仕途不断升迁,不仅将子嗣带出故土,也让他们很早脱离日常生计的泥沼,这或许培育了谭嗣同的早慧,使他在同龄人中过早成为一名思想者。

远游而归的少年回到祖居不久便认识了比自己小两岁的唐才常。这是1877年,谭嗣同12岁,唐才常10岁。"外似温柔,内实刚劲",唐才常后来描述梁启超的这句用来形容他自己却很适合。体态颇壮的唐心怀锦绣文章,才气逼人。他和谭嗣同均拜在浏阳举人欧阳中鹄门下,在致先生的一封信中,谭嗣同把自己和唐才常做了一番比较:"才常横人也,志在铺其蛮力于四海,不胜则以命继之;嗣同纵人也,志在超出地球,视地球如掌上"。"纵人"谭嗣同喜欢远足,特别是1883年之后的那10年,他驰骋诸省,鲜衣怒马,遍结豪杰,西至新疆,南到台湾。古典中国的游侠精神虽消失于精英阶层,却一直蛰伏于民间,千百年之下仍隐约可见,谭嗣同欣赏日本人带剑行游的悲歌叱咤，对那些视游侠为匪人的儒者则嗤之以鼻。

眼界大开的谭嗣同不安于现状，他慨叹中国困于君权，和唐才常一起在王夫之的著作里寻找本土"民权"脉络，共同成长为英气勃发的新一代湖南变革者，中日战争后这种渴求更加明显。1894年的中国犹如德沃夏克这一年创作的《诙谐曲》，前半部分欢快，后半部分忧伤。年初忙于庆典的帝国，弥漫着皇太后六十寿辰的喜庆气氛，一场史无前例的战争却在下半年不期而遇。"蕞尔小国"的迎头痛击，如巨浪迎面拍来，紧接着便是一连串令人目瞪口呆的惨败，狠狠地在一代中国人心中划下难以愈合的伤口。失败笼罩之下的危机与反思，成为无人可躲的悲壮国运，它改写了无数人的生命轨迹，两位浏阳的年轻人亦在其中。

"世间无物抵春愁，合向苍冥一哭休。四万万人齐下泪，天涯何处是神州。"《马关条约》签署一年之后，谭嗣同写出1896年无比真切的国家忧伤。这一年，力主变革的《时务报》横空出世，政改呼吁不久从上海吹向长沙，谭、唐二人加入新成立的时务学堂和《湘报》，并担以重任。1897年，摩拳擦掌的梁启超奔赴长沙，幻想立即来一场中国版明治维新，他眼里的湖南堪比长洲、萨摩二藩，可以扛起强天下而保中国的重任。因《时务报》

爆得大名，24岁的梁入湘获任时务学堂中文总教习，带来一股生气勃勃的思想热浪。在省内外新旧势力的不安目光和一片争吵中，湖南改革风生水起。时务学堂之外，《湘报》是改革者另一个重要平台。主笔谭嗣同忙着回复报纸上的读者提问，发问者包括官员和学生，内容则五花八门，让人眼花缭乱。不久，南学会在谭主导下成立，它看上去很像一个准地方议会，地位非同一般。1898年2月首次聚会便吸引了包括巡抚陈宝箴在内的300多名湖南精英。谭嗣同的口才自此有了新的舞台，集众讨论每7日举行一次，他常在此慨论天下事，"闻者无不感动"。

"谭嗣同辈倡大义于下，全省沾被，议论一变。"入湘不久梁启超就发现了新战友的价值。事实上，湘省新学并非外来者开启，而是萌芽于小城浏阳，起步于1895年一个16人组成的"算学社"。它规模很小，成立却费了一番周折。谭嗣同得到湖南学政江标的支持，但后者将一所书院改为算学馆的决定还是遭到保守人士抵制。孕育改革火苗的算学馆最终开办起来，时间虽短却意义重大。其旧址位于浏阳文庙后山奎文阁，今天它属于浏阳一中，成为当地又一处谭嗣同纪念馆。不过它被校园包围因此不对外开放。无数本地精英面对它度过学生时代，离开故乡奔赴各地，其中包括胡耀邦，他的雕塑如今就立于"新算学馆"之前。

嗣同路延伸于小城河边,那里是烟花之都绝佳观景之地。轰轰烈烈的爆炸声里礼花呼啸而起,飞向高空,刹那间两岸亮如白昼,这便是浏阳司空见惯的寻常景象。除了两年一度的烟花节,平日常有外埠购买商试放于此。虽说年年岁岁花相似,每逢大事,漫天的灿烂仍吸引人们驻足仰望,特别如我这样的外来者。烟花之美,大概正是冲向黑暗刹那间炸裂的惊心动魄,围观者在此触碰浏阳的灵魂,也忽然读懂早逝的城市之子。

谭嗣同墓距离市区大约只有五六公里,出租司机小罗有点兴奋,他是地道的浏阳人,却没有去过那里。谭嗣同遗体从北京送回故乡后,1904年迁葬浏阳牛石乡小水村,现在它已改名嗣同村。汽车凭借导航前进,开到一个小山坡的水泥台阶之前,眼前一片田园风光。拾级而上,"清故中宪大夫谭公复生府君之墓"赫然跳入视野。墓地不大,却气势不凡。墓前青草茵茵,立有华表与石虎、石马,累积的残香显示它并非一个被人遗忘之地。墓碑为谭炜所立,这个侄子被家族按旧例过给谭嗣同一脉继承香火。此前,谭嗣同夫妇生有一子,不幸一岁夭折。墓侧一个指示牌写着简单的小字,提示几百米之外是谭嗣同夫人李闰之墓。我独自穿过一条曲折的丛林小径,几个拐弯后来到那里。李闰出身湖南名门,丈夫去世后这位令人尊敬的女士投身于当地教育和公益事业。1913年，她变卖部分家产为丈夫设立祠堂。60岁生日之际，李闰收到康有为送来的横匾"巾帼完人"，至今悬挂于浏阳谭嗣同故居之内。

"视荣华如梦幻、视死辱为常事，无喜无悲，听其自然。"谭嗣同在一封信里这样告诉夫人，这句话被刻在故居一侧塑像身后的石碑上。那是1898年6月21日，写信的谭嗣同忙着准备北上，得旨进京入职真是出乎他的意外，个人抱负和国家命运或许就在即将展开的一场变法中绝处逢生。

三

谭嗣同没去过日本，却坚信变法急需效法的对象莫如东瀛。这种改革理念更多来自康有为，它可以追溯到"日本通"黄遵宪所撰《日本国志》。"我请皇上看一看日本在采用近代方法来改革之前，曾克服了一些什么困难。日本封建军阀的权力，较之目前中国这些顽固的大臣们是大多了，但明治天皇采用适当的政策，委任了一些年轻而精明强干的人以及下级官员们来辅助他。他命令其中一部分人在国内做改革的工作，另外一部分人则派赴西洋各国考察，因此他们回来之后，就把日本变得像今日这样富强。"政变发生后康有为逃到香港接受《孖剌报》采访时如此回忆。明治维新是戊戌变法者的理想，康认为政俗与中国相似的日本模式足可避免走冤枉路，因此"更新之法不能舍日本而有异道"，他把记述日本维新变革的《日本变政考》提交光绪参考，宪法和议会是其突出之处。当1898年9月伊藤博文来到北京，光绪以亲王礼节接见，恳请日本人协助中国政改。皇上的改革决心得到知识精英和部分官员的支持，他们不满时局，是帝国最具危机感的一批人士。不过很多人始终把这次"维新"视为康有为主导的变法，而非合力之举，很大原因在于牺牲的戊戌六君子充满康门色彩，其中包括他的弟弟康广仁。后者之前已经感到事情不妙，称兄长"志气太锐，包揽太多，同志太孤，举行太大"。

算起来谭嗣同只能算康有为的私淑弟子，如他自己所说的那样。与万木草堂正规入门弟子们不同，南下寻康有为不遇的谭嗣同对前者"理论"的认同，最初来自梁启超转述。梁的话令他为之感动、喜悦，从此自认入了康门。不过几年之后，谭嗣同在另外一篇文章里（《王志》)，同样声称自己是王船山的私淑弟子。

南海会馆与浏阳会馆隔着一条马路，遥遥相对。2015年这里变成一片瓦砾，一场巨大的拆迁重建正在进行。虽然我不是第一次来，却被规模浩大的施工搞得不知进退。走了几圈发现自己仍被挡在工地之外，不得而入。几番周折后，围挡中的一个缺口终于被我发现，穿过字牌，一片空旷的瓦砾堆迎面而来，几棵大树散布其中，它们孤独地立于废墟之上，满目荒凉竟生出一种后现代视觉。四处看去，很难想象这里曾是古树环绕的宣南读书之地。

米市胡同43号，南海会馆旧地，进来拐个弯走过残垣断壁和几个临时小卖部，便可见这处颓废的老屋，康有为曾给它起了一个浪漫名字："汗漫舫"。1895年，政治激情和不安弥漫北京，康有为和梁启超在此忙着策划出版一份新报纸。来京会试的士人们那时心情差不多，满脑子都是被日本打败的耻辱，跨越体制和地域的变法共同体由悲愤的心情迅速集结。康、梁从南海会馆登上了更大的舞台，却苦于人微言轻，没有机会把政见传递到最高统治者。"公车上书"正如其名，古韵有余，效果有限。此时他们想起读过的西人新报刊，特别是热衷政治讨论的《万国公报》。获得过该报征文六等奖的康有为和当过李提摩太秘书的梁启超，对这张经常批评中国政府的报纸很熟悉，并深受影响。因此他们的新报干脆冠以相同之名，后来才更名《中外纪闻》。

来到中国不久，广学会就认真搞起思想启蒙，主要手段之一便是出版《万国公报》。该报不少文章为梁启超看重,后来收入他的《西学书目表》。传教士使用书面汉语印刷报刊,除了突破传播上的方言局限,主要为影响中国士绅阶层,为此广学会曾一次将1200份《万国公报》分送给杭州、南京、济南和北京的科举试场。西方出版者并不满足停留于宗教劝呼,而是鼓励中国政治改良,从一个自负的旧帝国走向他们希望的文明开化。这张报纸存续28年,实际出版677册,新思想成功扩散于中国精英之中,读者既包括李鸿章、张之洞、孙家鼐等政界大员,也有王韬和孙中山这样的体制外活跃分子。林乐知和李提摩太的名字在不少地区几乎家喻户晓,一名叫利特尔的传教士甚至在四川内地发现,那里的人都知道《万国公报》。就影响1898年变法而言,《万国公报》居功甚伟,远非其他报刊可比。而对于康、梁来说,新报不仅是渠道,也是变法本身,因此梁启超直接在《戊戌政变记》中把林则徐当年创译西报之举,称为"实为变法之萌芽"。强学会被封后梁流浪于京,一时没有其他更好出路。好在1896年,《中外纪闻》的精神从北京传递至上海,《时务报》当年创刊便一纸风行,次年发行量一度高达12000份。这个规模为《万国公报》3倍之巨。这得益于围绕报刊的众多知识同仁,其中也包括谭嗣同,他名列《时务报》董事,一度在南京等地为推广报纸四处奔走,下了不少功夫。

南海会馆的言论政治传统在米市胡同被传递下去，64号泾县会馆后来一度变成《每周评论》编辑部。近代中国的政治失败令文化挫折感如影相随，与现实政治高度嵌合的儒家思想首当其冲。人们从谭嗣同的《仁学》已能读出不安的味道。知识精英对自身文化的疑虑与日俱增，终于激变为一场全面清算。五四一代的知识人继续以言论参政，虽然他们所讨论的很多话题，已被梁启超、谭嗣同们多多少少说过一遍。不过后人并非没有超越前人，至少有一点很明确，陈独秀们与传统的决裂，显得更加坚决和无情。

谭嗣同、梁启超的住处距离南海会馆只有1000米左右。穿过低矮的平房，他们可以随时来到"汗漫舫"讨论时局，密谋变法。梁启超住的是粉坊琉璃街新会会馆，那里和米市胡同本可以穿过一片平房曲折来往，如今隔着一大片拔地而起的新楼。新会会馆位于粉坊琉璃街路口115号，梁启超成婚于此。这条街道本在拆迁扩建之列，破落的小屋却凭借历史名人得以保留。尽管不仔细看，往来行人很难注意到门口文物标记上"梁启超旧居"几个字。我到新会会馆至少探看过3次，院里经常空无一人，只有几间破败的危房和一堵破墙面对访客。2018年夏天，那间破败的老屋被一片蓝色工地挡板围起，看起来施工在即。院子南侧的临街马路围墙已焕然一新，画满了二十四孝这样的传统文化。

2018年，南海会馆仍被临建围墙包围，看上去和几年前竟无变化，除了那个出入口已被彻底封闭，再次造访"汗漫舫"已无可能，它已彻底变成一片工地。北京内城不少建筑躲过了1950年代的国家改造，却难以摆脱开放时代的建设浪潮。拆除和保护，时而妥协，时而冲突。南海、新会和浏阳会馆终于在一片打打敲敲中保留下来，它们被夹在一片高档楼盘之中，旧貌即将换来新颜。

四

除了丁香花开，法源寺平常日子少有人至。与京城热闹之处不同，这里自有一番独特味道。它罕见地消解了规划感，踏入大门后几乎每一处庙堂前的花木都带着摇曳多姿的野趣，就连卖票的事也在很长一段时间由门口一个不起眼的杂货铺代理。此情此景和寺前广场上长年聚集的老人、京戏，一起散发着南城温和的平民气息。

谭嗣同故居近在咫尺，此处因此时常被人误为密会袁世凯之地，戊戌变法的命运与1898年9月18号那次会见密不可分。3天之后，感到人身威胁的慈禧终止新政，从幕后重归前台掌握最高权柄，袁世凯则终身难逃告密嫌疑，尽管这种说法历来歧见纷纭。无论如何，谭、袁见面构成谭嗣同悲壮历史叙述的重要一幕，这一形象在他押赴刑场吟诗就义的一刻，臻于完美。垂死的国家、昏聩的统治者和麻木的看客，一起为早死的觉醒者完成先驱传奇，而那些后死者虽有更加漫长的故事和话语能力，却难免踩错节拍，或莫名其妙被命运抹上几笔油彩，扮相变得复杂、走形甚至滑稽。聪明如严复、孙中山和康有为，皆难避免。

戊戌政变之后，变法领袖康有为的形象日益复杂，政治行动变得犹疑而暧昧。不过所谓康党真的是一个政治共同体吗？就1898年而言这似乎理所当然，以思想根脉和各自行动观之却令人生疑。这个团体立足于广东，依赖古典师门之义维系，较之派别林立的革命党人，至少在表面上显得更加团结，毕竟性格桀骜如章太炎那样公开叛出师门，总是罕见之事。但与广东诸弟子不同，谭嗣同身上始终弥散着一种壮烈气质和行动主义色彩，也因此和唐才常一起被称为维新派"左翼"，前者策划"围园杀后"于前，后者策动武装起义于后，终于前赴后继倒在血泊之中。

"最近慈禧太后在北京所处死的六个青年，无疑地，历史将以爱国者的名义给予他们，因为他们是为国家的利益而贡献了自己的性命。""他们来到北京并不是希求高官显爵,以便搜刮人民而自肥,而是以发动和平的维新改革为唯一目的。"1898年10月8日,《中国邮报》谴责北京杀害六君子。虽然这份报纸并不认为变法者的改革计划足够聪明,但仍对此给予敬意,赞扬"他们的动机是高贵的,他们光荣因此也是不朽的"。不过光荣与不朽尚待未来人书写,眼前等来儿子死讯的谭继洵却只能感受悲伤。这一年他已经75岁,白发人送黑发人,悲愤却不敢发作。一生谨慎的谭继洵对"变法"这种事一直敬而远之,此刻只能用挽联发泄自己的不满:"谣风遍万国九州,无非是骂;昭雪在千秋百世,不得而知。"谭嗣同死后湖南万马齐喑,"谣言四起,同人星散"。唐才常悲愤满腔地写下"忍不携二十年刎颈交,同赴泉台",这并非虚言,他带着这种情绪走上更加直接的激烈行动。1900年8月自立军事败,唐面对审讯的郑孝胥仍是一句:"勤王事,酬死友,今请速杀!"

自立军起义号称"勤王",却是一次复杂而充满矛盾的行动,期间不时上演偶发"事故",策划者包括康有为,得到孙中山的支持,最后的镇压者却是张之洞。主导实际行动的唐才常试图借助保皇党、革命党双方之力,乘义和团之乱举事于长江沿岸,结果不幸事泄被捕。1900年8月22日,唐才常从容被俘,慷慨求死,以从容姿态向好友谭嗣同致敬,紫阳湖畔则留下了张之洞杀士的恶名。后者一度观望犹豫，却终于下手。县、府、道三试第一名获得者唐才常曾是张氏两湖书院学生，在那里他度过了人生一段难得的"了无束缚"的时光。和谭嗣同一样，遇难时唐才常恰好33岁。

庚子年自立军烈士葬于武昌洪山之旁。2018年夏初，大雨如注，这里变成一处泥泞的工地，需穿过一片瓦砾场才能找到，指引我的是一座巨大的牌坊，它仿佛从废墟里拔地而起。一座巨大的长方形水泥墓地被杂草和散发恶臭的垃圾包围着。此处正在兴建新的科研大楼，落成后墓地或可得到修缮。但雨中站在墓前目睹此景，仍令人无限伤感。自立军是戊戌变革的余绪、辛亥的前章。10年之后，唐才常倒下的武汉三镇再次成为"反叛"之地，此时物是人非，张之洞已经故去，帝国摇摇欲坠。武昌新军工程营一次不无偶然的冒险，立即给貌似强大的王朝致命一击。

"前后谭唐殉公义，国民终古哭浏阳"，前时务学堂学子蔡锷在唐才常殉难之后写到。此后"浏阳二杰"被一再写入历史。不过即使在故乡浏阳，知道唐才常的人也比谭嗣同少得多。尽管市区有一个"才常广场"，但一位本地朋友告诉我，很多人并不知道那是纪念一个人的名字，甚至有人误以为"才常"意指"财常"。好在两条马路恢复了历史记忆，才常路、嗣同路纵横交会于浏阳城内，两个人的生命轨迹在此再次相遇，而建于 1913 年的谭嗣同专祠恰好位于才常路 91 号。

目睹自立军结局，一批知识分子自此改变犹疑的政治立场，进一步倒向激进，比如章太炎。他在唐才常遇害后再次出亡，对张之洞、李鸿章等汉族大员从此不抱"独立"幻想。之前章氏《訄书》提出"分镇"一说，作为对满族皇帝退为"客帝"的补充。这种假设建立在汉族地方大员的"觉醒"之上，他对此寄予厚望，甚至在庚子年上书两广总督李鸿章，建议广东独立。如果说义和团之乱的糟糕表现让知识精英对清王朝最高层的期待不复存在，唐才常和自立军之亡则宣告了维新派的全面失败，以地方势力更新政权的希望就此破灭。此后革命变成"不得不行"（章太炎语），自立军的幸存者们则在流亡日本后纷纷投奔革命一方，比如秦力山。

五

谭嗣同遇害北京菜市口，南京的金陵刻经处亦因此被查抄。《仁学》写作于此，这篇维新派早期最为激烈的文字，已迈出康有为思想边界，批判的标靶乃是传统政治内核：君权。更进一步，作者除了大胆说出君权自"秦制"开始神圣化的事实，也没有放过政治之外的文化传统。

以"仁学"为名,谭嗣同笔下的"仁"却并非儒家思想中的"仁"。三纲五常数千年造成的惨祸烈毒,在他看来正是"仁之乱也"。以名为教,君以名桎臣,官以名轭民,父以名压子,夫以名困妻。说这番话时谭嗣同俨然一个全面逆反者,对诸如安静、节俭这样的传统美德也下笔如刀,他称"静"为"惰归之暮气,鬼道也",言"俭"者则是"齷龊之昏心,禽道也"。

《仁学》并不算好读,其中满是佛、儒、基督教和以太这类不成熟的新科学,读到它的人不免将其视为叛逆之作。作者却不这么看,因为所谓叛逆者本身也是一种虚构,谭嗣同说,君主创设这一说法正是为了"以恫喝天下之名"。当然,他的文章没有回避切近的政治感受,反满的革命者可以轻松从中读出民族革命的味道,不仅孙中山称此文对"提倡排满及改造中国甚力",16岁的钱穆竟读后激动地剪掉辫子。《仁学》诞生于甲午战败之际,强学会被禁、中俄密约等内容被谭嗣同直接写入文章,割让台湾更勾起他对清政府的异族回忆,从而深感"尚有十八省之华人,宛转于刀砧之下,瑟缩于贩贾之手"。在某些方面,谭嗣同想得甚至比革命者还要远,比如他对中国军队虚弱感到庆幸,认为各国压制而来,实为上天冥冥之中用另一种变相的"仁爱",救中国于亡种之危。

但《仁学》对君权批判最猛烈的地方却并非排满，而是追问中国文化根脉，试图将专制之源连根拔起。谭嗣同认定荀子之后中国君主被扩大到"无限之权"，因此得以挟一天以压制天下。身为常人而非两头四目的君主何以能施虐于四万万之众？密钥正是"三纲五伦"：它们既可以制人之身，又可以制人之心。感叹于此，谭说出了那句著名判断："二千年来之政，秦政也，皆大盗也"。他没有止步，进而将矛头指向政教融合，认定这才是导致中国民众愚昧的根本原因。"二千年来之学，荀学也，皆乡愿也。惟大盗利用乡愿，惟乡愿工媚大盗。"这种批判几乎成为20年后五四运动的序章，因此李泽厚称谭嗣同"才是辛亥革命和五四运动的真正先驱"。1919年1月26日，《每周评论》发文称中国历史是乡愿与大盗结合的记录："大盗不结合乡愿，作不成皇帝；乡愿不结合大盗，作不成圣人。"李大钊笔下这句几乎就是《仁学》的翻版。只是《仁学》夹杂着佛学和新科学，而李的思想批判武器则变为"布尔什维克"。

杨仁山是谭嗣同的"佛学导师"。1896年，候补官员谭嗣同辗转来到江苏，南京官场无人理睬。看一眼他的官二代背景，人们很容易把这个湖南青年当作一名纨绔子弟，谭为此非常郁闷。"固知官场黑暗，而不意金陵尤为甚。"来宁一年之后,他得识杨仁山,继而遍窥三藏,佛理精进。筹备强学会的梁启超此前与谭嗣同第一次相见时,发现后者推崇基督教,却"不知有佛,不知有孔"。

跟随曾纪泽出使欧洲的杨仁山绝非寻常人物,受教于他的一批知识精英除了谭嗣同,还有苏曼殊、狄楚青诸人。著名的金陵刻经处始于1866年,1897年迁入延龄巷43号杨氏私宅。这一年,杨仁山、谭嗣同联合发起"金陵测量会",名下维新派人士云集。看起来波澜不惊的小巷宅院内,自此暗伏着一股改造中国的力量,它不同于革命,却与之相缠绕。特别是1907年成立祇洹精舍后,各路精英出入其中,他们以不同方式参与了1911年的历史巨变。不过杨仁山却在革命爆发前夕逝去,纪念这位"近代中国佛教复兴之父"的藏密式墓塔至今仍立于南京。

革命者热衷佛学,可谓清末民初一大历史景观。李石岑称"佛学的提倡,不特于科学毫无抵触之处,而且能使科学的方法上加上一层精密,科学的分类上加上一层正确,科学的效用上加上一层保证"(《佛学与人生》)。非独科学,佛学对革命似乎亦有某种"加持"之效。那么对政治革命者来说,佛法之效究竟奥妙何在?撰写《仁学》时谭嗣同已回答一二,即学、政、教三者"教"者最难,中外"各有所囿,莫能折衷",因此除了佛教无法统一。而中国近世之"缘劫","无术以救",因为它"既由心造","惟以心解之"。不过究竟如何以心解之,谭嗣同却没有回答。

统摄佛家思想,将之并入改造中国的力量,对士大夫而言没有多少障碍,尤其对公羊学影响者而言。实际上,公羊学与佛学的互相阐释,意外释放出一种面对未来的时间意识和现代革新精神。这条线索从龚自珍到康有为变得日益清晰,以至于梁启超说"今文学家多兼治佛学";非但如此,佛法精神经过近代人间佛教提炼,从"无死畏"到"无私忘我",莫不契合革命牺牲精神,使之成为一种反抗者的心灵依靠。而他们反抗的对象往往正是儒家。这一点不限于中国,东亚文化圈的知识精英常有这类经历,比如策动甲申政变的朝鲜开化党领袖金玉均,他喜读佛书,讨厌儒书,以此反对朝鲜国家体制,金认为其中充满了阻碍进步的形式主义。在亚洲,佛教还被理解为多元文明之一种,以应对西方到来后的焦虑不安,这令佛学意外升腾出一股变革时代的锚定力量。日本正是得佛教助力,才能收明治维新"变动不居,以无胶固执著之见存"之效,谭嗣同这样说。

不过佛学与儒家精神,或者说"我不入地狱,谁入地狱"与"吾非斯人之徒与,而谁与"可有相同之处?当流亡者梁启超为牺牲者谭嗣同撰写传记,这个问题浮上心头。对此他给出"法异而不异"的肯定回答。救过去众生与救现在、救将来众生，救全世界与救一国或救一人，在梁启超看来皆在"救人"。因此佛法救人和孔子治《春秋》可谓殊途同归。也许他说得没错。李提摩太甚至看到了佛学与基督教的微妙相通。访问南京时这位著名传教士有机会问杨仁山，为何一个儒家秀才会安于佛经？后者回答说："难道你不知道，对于人生许多重大问题，儒家往往避而不答吗？""是这样，但佛家回答了吗？"李提摩太问道。"当然，"杨回答，"我还是让你看一下这本书吧，是它使我由一个儒生变成了一个佛教徒。"那本书名为《起信论》。回到旅馆李提摩太阅读至深夜，忽然向同室朋友大声喊道："听着！这是一本基督教的经典！尽管所用的术语是佛教的，但它的思想是基督教的。"

李提摩太的判断可能不无夸张，佛学经过漫长的本土化俨然变成中国文化一部分则是事实。儒学在精英阶层大行其道，"而庶民实未归此教也"。用严复的话说，在中国妇孺皆知天堂、地狱、菩萨、阎王，却不知颜渊、子路、子游、子张。儒家是否构成一种宗教姑且不论，它确实难以化解晚清遭遇的巨大危机。1900年义和团在孔孟之乡山东爆发，颇具象征意义。儒家大传统的散溃可以部分解释这次排外运动的社会心理。传统文教应对

"洋人"失效的失望情绪弥漫于世纪之交,光怪陆离的民间信仰得以浮出底层。那些追求立宪或革命的知识精英虽以儒家为底色,但纷纷导入西方义理或援佛学为思想后援的事实,无不显示了文教衰落与转型的征兆。

佛教"足救中国之缺失",陈寅恪曾这样认为。不过它真的拥有那么多虔诚信徒吗?谭嗣同对此表示怀疑。他内心所忧虑的恰是中国人那种普遍的"不相信"状态。彼时天津出现一个"在理教",信徒遍布直隶。谭嗣同发现他们的经书浮浅,只是简单融合佛教和其他几个宗教内容,为探查此教是否别有秘传,他假装入教以便一窥奥妙,结果却发现其中并无更多神奇之处。比如他们的"服气口诀",只有佛教"唵嘛呢叭咪吽"六字。不过谭嗣同没有因此气恼,他认为如果这样能够对中国老百姓的生活有益,入这种教派总好过什么宗教也没有。

六

直到今天,很多北京人仍对所谓下风下水的南城抱有成见。谭嗣同时代的北京南城,被蔑称为"贫""贱"之地。设为官方杀人场所的菜市口,更为那里增加了些许阴森。

这种感受对谭嗣同来说并非只是心理暗示,而是一种真实的生活体验。少年时代,围绕他周围的景观是"蓬颗累累,坑谷皆满,至不可容,则叠瘗于上",以及无主死亡者"狸狌助虐,穿冢以嬉"。那时浏阳会馆和附近的南下洼、陶然亭一带是京城妓女丛葬之处。《道咸以来朝野杂记》载称,每逢清明、中元二节,妓院多去焚纸哭奠。"方余读书城南际,春蛙聒雨,棠梨作华,哭声殷野,纸灰时时飞入庭院,即知清明时矣。"谭嗣同写道。

他常去陶然亭玩耍,现在亭南壁嵌有五方石刻,其中一方还刻写着那段儿时记忆,题为《城南思旧铭并叙》。在这篇文章里,谭嗣同说起一桩谜一般的往事。年少读书时,一次读至"日暮狐狸眠冢上,夜归儿女笑灯前",他忽然哽噎,不复成诵。"塾师骇责,究其所以,复不能自列。"这两句来自诗人高翥所作《清明日对酒》:"南北山头多墓田,清明祭扫各纷然。纸灰飞作白蝴蝶,泪血染成红杜鹃。日暮狐狸眠冢上,夜归儿女笑灯前。人生有酒须当醉,一滴何曾到九泉!"忽然泪目的少年,不知从中读出了人生苦短,还是宇宙荒凉。过早目睹、体会着死亡和阴阳两隔,没人知道,聪慧如谭嗣同是否冥冥中忽然洞悉早亡人的命运,而那时他却是怕鬼的。"城南少人而多鬼。余夜读,闻白杨号风,间杂鬼啸",谭嗣同回忆说,大恐之下他吓得"往奔两兄"才得安心。多年以后,曾经内心柔软的少年面对刽子手竟毫无惧色,如飞蛾扑火。每念于此,想到读至"日暮狐狸眠冢上,夜归儿女笑灯前"忽然哽噎的谭嗣同,后人无法不为之动容。

读过万卷书,走过万里路,30岁那年谭嗣同为自己写下小传。从崆峒、六盘、终南到泾、渭、伊、汾、沅、澧,他南北遍踏,饱经风霜。不过让其视死如归的力量却并非一次次壮行,而是弱冠少年生成的济世救人之心。"我不入地狱,谁入地狱",等待抓捕的谭嗣同平静地给杨仁山写道。在他看来,正是耶稣和弟子12人皆遭杀戮,传教者以死为荣,基督教才因此横绝五大洲,历二千年不衰。如果需要,他随时准备"一死从容殉大伦"。那并非简单的君臣之伦,而是一种人伦。西学也好,佛学也罢,谭从中看到的无非都是一个更好社会的可能。

亲历晚清45年的李提摩太,算得上戊戌变法的间接推动者。他认识谭嗣同,不知后者作为叛逆者押上法场是否激发了这位中国通更多思考。后来他在回忆里写道:"看到民众由于政府管理不当而遭受痛苦,而那些正在改善现状的人被政府视为叛乱者,我们感到,地球上这个黑暗的角落,确实充满了冷酷和残忍。"目睹中国民众绵绵不绝的苦难,他甚至怀疑是否会有那一天,这块"流着奶与蜜"的土地会被妥当地加以管理,"人民会过上一种幸福昌盛的生活"。

中国历史不缺少道德理想的殉道者,但"以革命和破坏本身为道德理想,并在投身社会革命中达到永生"却自谭嗣同始(金观涛语)。远在四川的邹容,1898 年时 13 岁,悲愤地写下:"赫赫谭君故,湘湖士气衰,唯冀后来者,继起志勿灰!"此后从邹容一直到孙中山,甚至更加年轻的新生代革命者,几乎无人不将谭嗣同引为同志。烈士精神甚至在某种程度上成为一种终极追求,不过牺牲在很多人眼里,也变成一种永无止境的理想。可惜,革命者虽多,救人者却少。

人类的黄金时代并非在我们背后,而是在我们前面。

——圣西门

第五章　盗火人

一

"赫胥黎独处一室之中,在英伦之南,背山而面野,槛外诸境,历历如在机下。乃悬想二千年前,当罗马大将恺撒未到时,此间有何景物?"标价500文的白纸石印书不算便宜,不过对17岁的南京矿路学堂学生鲁迅来说却充满吸引力。1898年一个星期天的下午,奇思妙想的《天演论》让他一口气读了下去。

这本书读起来并不轻松。1901年,梁启超向严复抱怨说,他的译作文风古雅,不利于向国民大规模传播。这种话黄遵宪也提过,但严复不以为然,声称他的作品并非针对"学童"这类人的大众读物。不过当《天演论》1898年刊印时,这一年变法的兴奋和失败却大大加速其流行，因为它不仅看起来揭示了危机根源，更指出希望所在。何为"天演"？严复借用"西国格物家"名义，将之归纳为"天择"和"物竞"。

在此之前，甲午之败已极大刺激印刷读物需求，书商们争先恐后地销售广学会书刊，甚至干起盗版生意。在上海，一套《泰西新史揽要》卖 2 元，运到西安便能卖出 6 元。李提摩太不无兴奋地说："我们无法弄清楚盗印者赚了多少钱，但我们从各个销售点获得的年利润超过了来自英格兰和苏格兰的捐助"。

1894 年，卷入朝鲜内乱的中国被迫与日本开战，万里之外的赫胥黎这一年在书斋为自己的新书写下导言，他意料不到这个小册子竟能跨越半个地球，转化为一记思想巨锤，重重敲击几代中国人的头脑。惨败于"蕞尔小国"，让中国人 1840 年后接踵而至的失败感达到顶点。这种心理伤害是如此之深，以至于直到 1915 年一位留学生如此回忆："我们中许多人都出生于 1894 年前后。没有人告诉你 1894 年对中国是个什么年头吗？"署名"中华兴"的作者在《留美学生日报》悲怆地写道："我们的一切耻辱都是在我们发出第一声婴儿啼哭时发生的。一旦意识到我们是一个衰败民族的子民，我们本能地想知道我们如何才能救国"。

甲午战争的胜利者，则突然由东方小国摇身变为一个"亚洲大国",这同样被视为进化的结果。"日本的发展和表现,无疑是进化的一个最大奇迹",中国海关总税务司赫德似有不服,却不得不如此评价。对自己服务的清政府,英国人只能恨其不争。其实进化论意义上的"竞争"到底是什么?日本人搞懂的时间也不算长。鼓动本国脱离亚洲的福泽谕吉回忆说,自己在翻译钱伯斯《经济论》时遇到一个名词"competition",觉得很难恰当表达出来,反复推敲后决定把它译成"竞争"。看到译文的日本官员却为此感到忐忑:"这里有个争字,它叫人看了总有一种不安的感觉。这指的是什么?"

实际上,在康德宣称把人类视为"一种正由恶向善稳步前进的理性物种"之前,西方人对竞争和进步并不敏感,持续的进步观在《旧约》这样的经典文献里并不明显,直到基督教救世和未来天堂理念笼罩欧洲大陆,新的进步观念才开始普及。在中国,点燃生存竞争情绪的人,正是《天演论》的翻译者严复。

严复并不想把自己看作一个文化传播的中介人,而是"尝试通过翻译和评述,构建中国的智性政治"(奥斯特哈默语)。他选择这本书的前半部"进化论",却放弃后面的"伦理学",因此当时没几个中国人知道这本书的原名叫《进化论与伦理学》,它由作者1893年牛津演讲扩展而来,实际上这个小册子所着力声张的内容正是"伦理"。赫胥黎希望适应生存的最佳者并非最强，而是道德上最好。不是消灭、压迫他人，而是最大可能地帮助其他人生存。换句话说，作者的理想是通过"自我约束"达到一种社会和谐，从而否定了格斗生存伦理。对此严复却假装没看见，他不仅只选译部分导言和讲稿，还以意译的方式多加演绎，直接用按语借题发挥，赫氏对斯宾塞社会达尔文主义的批判，于是变成了中文版里的赞许。

与几乎所有晚清精英一样，严复急于寻找富强之道，而非和谐之术。他认为自己找到了，那就是"特前之竞也，竞宜于天；后之竞也，竞宜于人……嗟夫！此真生聚富强之秘术"。事实上，严复对斯宾塞和赫胥黎都不太满意，因此选择两人思想中最符合他想要的东西，融合调整后成为一种自己的进化论。它内含社会达尔文主义，却去掉了斯宾塞的"顺其自然"，转而加入人为干预；而赫胥黎的伦理学虽被舍弃，其中"非自然"过程的道德活动倒很符合严复口味。这种曲解原意的译法后来被傅斯年在《新潮》（1卷3号）加以批评。不过严复对赫胥黎的"诠释"用意何在？写下《中国与达尔文》的汉学家浦嘉珉教授认为，"斯宾塞追随者"严复同情或欣赏赫胥黎身上的原始克鲁泡特金倾向，正是赫胥黎让严复在解救"合群"美德的同时，没有抛弃达尔文。

斯宾塞和赫胥黎真正说了些什么，对1894年之后的中国似乎没那么重要，重要的是化约与重新诠释的达尔文主义，如一把高悬之剑忽然从天而降，浑身散发着警醒世人的冷酷光芒。中国要么以此为武器，杀入你死我活的万国竞技场，要么成为别人案板上的鱼肉，随时为人斩杀。从那时起，几代中国人就是怀着这种情绪一次次打开《天演论》的扉页，并由此牢牢记住了严复。尽管在此之前已有文献提及达尔文，比如1873年雷侠儿的《地学浅释》，以及1877、1884和1891年出版的传教士出版物。实际上1873年至1891年，中文世界已出现至少13种谈及进化论的著作。但人们坚定地认定，严复才是中国介绍达尔文的第一人，如同小猎犬号启航前进化论学说已浮出水面，但多数人坚持是达尔文"证明了"进化论一样。知识谱系的层次和复杂性令普通人生厌，其中多数人的命运是被历史遗忘。如果用社会进化论的口吻来说，人们更容易记住那些知识进化中的突变者，或者说显赫者。

早期中文世界昙花一现的达尔文主义，之所以没有得到重视，很大程度上在于其中缺少生存斗争哲学，而这种危机恰好在1895年后如此明显地展开。中日战争惨败，让适者生存的紧张感陡然扩散为一种社会情绪，开始它集中于精英阶层，和多次败于欧洲人不同，日本人带来的屈辱感很快向大众蔓延。失去台湾的巨大失败如日食一般高悬于上，映照出一幅人人可见的惊慌失措图景。几年之后，它进一步升级为亡国危机。

二

沙滩北街道路很窄，过往汽车常陷入进退两难。从这里左拐而入便是沙滩后街。这条街隐藏于故宫身后、景山之侧，看上去无比寻常。其中一个胡同模样的路口更难被人关注，它从后街通向更加窄小的"大学夹道"。这个名字和路口的文字，让人们注意到中国最早的大学曾诞生于此，它是戊戌变法为数不多的遗产。

"京师大学堂建筑遗址"几个字写在街边一面不起眼的墙上，背后是一片混乱的居民区。不过旁边闹中取静的宾馆内院却依稀可见大学气场，一座中西合璧的建筑十分醒目，它是北大"二院"（理学院）数学楼旧址，今天看起来仍气势非凡。历史信息显示，沙滩后街55号曾为和嘉公主府邸，她是乾隆帝第4个女儿。与这栋北大旧楼毗邻而居的是一间古色古香的老屋子，只有它还遗存清代府邸余韵。

掀起五四运动巨浪的北沙滩红楼，距此1000米左右。1917年，从上海来的陈独秀就职北大文科学长，将他创办的《新青年》编辑部迁到附近的箭杆胡同 20 号，忙着搅动新文化运动惊天巨浪。借助北京大学这一"扩音器"，原本影响不大的《新青年》一跃成为文化转折时代的旗手。

1912 年严复就任这所著名学府校长时，它刚刚从京师大学堂更名为北京大学。今天的北大早已远离内城迁入燕京大学旧址，合并而成的新北大是 1950 年代院系调整的产物，名满天下的燕京大学则就此消失。燕园旧址如今既是一处历史文物，也是北大校园重要组成部分。旧址旁边的新图书馆内，严复的雕像被立于大厅中央，显示他与这所大学的独特渊源。严校长任期短暂，贡献不小，尤其是确保了差点被取消的学校继续存在。不过严复的译著一定比校长之职发挥了更大影响。"中国人在进化的决赛场上太落后了，我们不得不着急"。1919 年，北大学生傅斯年在《新潮》上写道。那一年他和众多北大学生急于打碎过去，迈向未来。若干年后，傅就任新一届北大校长，方知一个古老国家与文化的进退，远非如此简单。

巨大的图书馆藏书量位居亚洲大学前列，钢筋混凝土外表之上，盖着中式房顶。不过每一次"中西合璧"总会遭遇麻烦，这座建筑看起来并没有那么协调。试图将西方强国秘法引入中国的严复，也一直面临相似困境，

25 岁时他已在认真思考这个问题。

那时严复身在英国,遇到首任驻英公使郭嵩焘,讨论中西差别和西方何以强大成为他们的共同爱好。两人彻夜长谈,兴趣不减,严复甚至在寓所为公使演示"新技术",比如如何摩擦生电。郭嵩焘认定眼前这位年轻人非同一般,对他的判断大为赞赏,比如后者声称"中国切要之义有三:一曰除忌讳,二曰便人情,三曰专趋向"。当然,郭也注意到严复才华背后的"狂妄"。"又陵才分,吾甚爱之,而气性太涉狂易。"1878 年的一天,郭嵩焘在日记中写道。

郭是那个年代最具世界眼光的中国官员之一。大概在 1878 年 1 月 26 日,远在山西赈灾的李提摩太目睹和听闻一幕幕人间惨剧,人们卖掉妻女甚至吃掉孩子。他写信给教会秘书贝内斯,"指出,当中国的第一批高级官员访问英国和美国时,他们被带去参观剧院和博物馆,却从来没有被带着去参观过教堂或听过布道。因此,我请他采取措施,让英国最优秀的基督教士绅对中国新任驻英公使郭(嵩焘)给予特别的关注。他是第一次去英国,应该让他了解西方文明的精华"。从某种意义上看,这个建议成功了。不过郭嵩焘对西方世界的好感与领悟,却让自己沦为传统士林败类。1878 年,郭著《使西纪程》被毁版,指责他的罪名无不夸张,比如观游炮台时披洋人衣服，以及在白金汉宫听音乐会时取阅音乐单。

在那一批留学海军学员中严复成绩出色。1877年8月8日，英国海军部收到外交部送来的中国留学生一览表，其中对严复评价如下："严宗光，现年23周岁，在福州船政学堂肄业5年，在练习船上实习并服役6年，曾任练习船航海军官，中国水师都司。曾任教练船总教习之英国皇家海军上校德勒塞评论其为非常机敏的军官和导航员。"不过严复看起来并不像一名未来海军军官，比如他没有上过军舰实习，这多拜郭嵩焘所赐，后者认为严复变成一个军人无不浪费，测绘海图、防守港口这种事并不适合他。眼光老辣的郭嵩焘日益感到，坚船利炮之外的东西才是破解西方富强之谜的钥匙。

郭嵩焘和沈葆桢堪称严复的"贵人"。1854年严复出生时，36岁的郭嵩焘正在衡州和曾国藩讨论攻打太平军，34岁的进士沈葆桢则已经身为监察御史，他们却不同程度地改变了严复的命运。若不是沈葆桢接手左宗棠的福州船政局，严复很难从福州郊区的村庄走向英国，尽管那时英国人已带着一个"新世界"登陆福州，近在咫尺。

三

严家祖居距离福州中心城区只有十几公里，按图索骥却很难找到它。2017年的一天，几乎走遍附近几个村庄，我终于在跨过一座石板桥后，找到了简陋的"严复故居"。原来门牌地理信息显示这里是"盖山镇上岐村"，而非很多历史资料中的旧名"阳岐村"。和多数中国乡村相似，此间不复田园风光，村边河流已是滚滚黑水。上岐村曾为唐、宋时期古渡口，一度是福州往南的主驿道，从这里走水路过乌龙江，翻越五虎山，可达莆田和广东。

这座祖居始建于明代，我去的那天门口正在装修，里面几户人家则忙着准备午饭，征得一位老者同意，我到室内转了一圈，但收获甚微。大杂院里堆满家具和随意摆放的杂物，很难读出多少历史信息。严复并不出生于此，但年少时曾在此读书，14周岁时在这座古老的祖屋完成第一次婚姻，迎娶同乡女儿王氏为妻。几百米外，一座严氏宗祠位于一个高坡之上，外来者首先被门柱上的一行字吸引："几道传播西学第一人"。宗祠大门紧闭，却可以推门而入，里面空空荡荡，只有几处图文展览。不出意料，"严复"仍是当然的主角，他无疑是整个宗族和这个村庄的骄傲。

1919年1月11日，回到故乡的严复迎来了自己65岁生日，村里人纷纷赶来看望这位返乡的大人物，他已经25年未归。闽剧戏班连演3天，以为助兴。目睹此情此景，不知严复是否会想起少年时代的痛苦往事。父亲严振先一次行医被霍乱病人传染，竟不幸去世，彼时严复结婚不足半年。突如其来的变故令家庭陷入困顿，妻、母不得不以缝纫勉强度日，14岁的严复还需面对村里无赖的欺辱。"门户支已难，往往遭无赖。五更寡妇哭，闻者堕心肺。"1912年，严复如此回忆那段岁月。

好在命运的转折并没有停止，新的机会随后从天而降。福州人沈葆桢接手福州船政大臣后，决定1866年为"求是堂艺局"组织首次招生考试。严复立刻投考，对几乎走投无路的他来说，提供吃住、每月发银4两无疑吸引力巨大。面对笔试作文题《大孝终身慕父母论》，遭受丧父之痛的严复下笔沉痛，真情流露。文章立即获得沈葆桢激赏，以第一名录取。一年之后"求是堂"更名船政学堂，严复成为第一届学生，不久他和一批表现优异的青年被选派出国，跨入英国格林威治皇家海军学院大门，意外背负起大清海军的希望。

"三坊七巷"号称浓缩半部中国近代史，并非夸张。这里名人故居密集，位于郎官巷的严复故居却相对冷落。15块钱的门票挡住了多数人，面对一眼就能看到底的小院，人们更多选择门口留影，然后匆匆而去。距此不远的严复书院和严复翰墨馆存有不少文物，陈初越是这家民间机构负责人之一，他们以"严校长"命名的文创产品，为严肃的思想家增添不少活泼面貌。2017年11月，我来的时候翰墨馆正展出一批严复书法，不久展览将北上故宫继续举行。

严复考进海军学堂那一年，福州人林则徐与世长辞。林则徐故居距郎官巷不远，那是福州最热闹的景点，并非仅仅因为免费，几乎每个游人都曾在教科书里遇到林的章节，他与虎门销烟的滚滚烟火，构成了中国惨遭帝国主义欺侮画卷的开端。中国从鸦片战争中败退下来，林则徐的形象却不断上升，从禁烟大臣到"民族英雄"，此后不断被重塑和加持。尽管在更小的历史研究领域，林的强硬做法饱受争议，不过有一点可以肯定，无论选择强硬立场还是灵活变通，大清帝国都很难阻止英国人的到来。

福州被迫向西方人开放，成为第一次鸦片战争催生的首批条约港之一，各国领事馆纷至沓来，开始它们被安置于搭建在河流之上的破败小木房，1844年英国人李太郭甚至惊讶地发现，每天涨潮时屋子会被淹没两次。外国人进不了城，转而占据山海之间的制高点。一栋英国领事馆建于马尾造船厂旁一个山坡上，俯视着新生的中国海军在敲敲打打中慢慢成长。今天这座旧址早已人去楼空，山下的马尾造船厂却仍在运转，尽管不复远东最大造船机构之雄。

"福建船政局建在昔日里的一片沼泽地填成的平地

上,远远看去,就像一个英国制造业的村庄",著名摄影师、英国人约翰·汤姆森如此描述。这看起来有点不可思议,不过中国第一艘千吨级轮船"万年清"号却从此诞生。因鸦片战争来华的前法国海军上尉日意格是马尾厂重要功臣,他在得到左宗棠和法国政府共同支持后,将厂址勘定于马尾中岐山下一片田地,并认真地为福州船政局操办机器进口。他的回报高达月薪 1000 两白银,清政府还毫不吝惜地把花翎、黄马褂、一等宝星赐予这位法国人。然而吊诡的是,就在日意格带走中国大笔酬劳不久,1884 年法国舰队不期而至,并一举摧毁福州水师,战场就在马尾造船厂千米之外的江面。

四

大概只用了半个小时,"马江海战"便大局已定,这很大程度归因于法国人不宣而战的突袭,虽然他们从不承认。不过,这也是中国海军消极应对的苦果,他们对最终妥协抱有期待,避战之心一直悬至法国人开炮之前。此役 10 年之前,到访福州的英国海军军官寿尔已经敏锐地感到,军校里的中国海军精英明显缺乏战斗精神。"从智力来说,他们和西方的学生不相上下,不过在其他各方面则远不如后者。他们是虚弱孱小的角色,一点精神或雄心也没有，在某种程度上有些巾帼气味。这自然是由抚育的方式所造成的。上完课，他们只是各处走走发呆，或是做他们的功课，从来不运动，而且不懂得娱乐。大体说来，在佛龛里待着，要比在海上做警戒工作更适合他们的脾胃。"不知英国人说的这群人里有没有严复，这是1874年，他已进入船政学堂，并把自己的名字从严宗光改为严复。

一座立交桥把马尾造船厂与船政学堂旧址分割开，这所海军学校由前后两个学堂组成——"法语学堂"和"英语学堂"，旨在分别学习制造（法）和学习驾驶（英）。结果显示"后学堂"硕果丰富，走出更多不凡之才，如严复、邓世昌、林永升、叶祖珪和萨镇冰。历史旧址之上重修的几栋学堂楼相当崭新，却被一圈围墙包围。我骑着共享单车绕了一圈终于找到这片建筑的入口。不出意料，里面空空荡荡，除了两个保安几乎没有一个人。写着船政学堂文字介绍的几栋楼大门紧锁，几个巨大的标语耸立背后，向路人展示昔日的荣光："一座学堂引领一个时代"。

这句口号并非夸张，被称为"闽堂"的福州船政学堂堪称中国海军甚至近代军校开山之祖，西方军事技术和思想经由此地不断注入东南地区。严复和他的同学们，课表上除了解析几何、微积分、物理还有外语。1877年，他们当中的 30 人入选英法留学名单，其中英国 12 人，法国 18 人。福州船政局为此费力筹措了 7.35 万两白银。当年 5 月 11 日，严复一行跨过万里海域抵达英国朴次茅斯。85 年前，马戛尔尼正是从这里出发前往中国，欧洲人对中国的想象那时还沉浸于生机盎然的东方情调。这种想象不久被马氏打碎，取而代之的是停滞的文明或"失败的国家"。实际上，这一切开始时可能只是因为英国人没准备好下跪，中国没准备好自由贸易。不过为商业目的而来的马戛尔尼却把这个国家看得很准："在中国，皇帝的利益始终是头等重要的事，违反他的旨令，任何人的财产都是不安全的。"

几年之后，严复和这批年轻军官从欧洲归国，带回新的强军希望，他们和装备不断升级的新舰队一起，将中国海军带入先进的近代时刻，至少在技术上如此。格林威治皇家海军学院毕业之后，严复官运不错，不久转入天津北洋水师学堂任总教习，他的前途和北洋水师一样，看上去一片光明。然而，冉冉升起的希望没持续多久，就被不期而遇的日本人击得粉碎。1894 年 9 月 16 日，日本舰队司令海军中将伊东祐亨指挥 12 艘军舰到达黄海大东沟，亚洲历史上最先进的两支海军就此爆发战斗，双方从中午激战至黄昏，5 个小时后清军"致远""经远""超勇""扬威"4 舰沉没。更不幸的是，败退畏避的北洋舰队不久在威海卫遭受灭顶之灾,苦心经营的中国海军梦竟在皇太后60寿诞之年沉入海底。

此役极大刺激严复,他没有想到福建水师全军覆灭的命运,会在装备精良的北洋舰队重演。覆巢之下无完卵,衰败的国运和耻辱注定无法绕开。这种刻骨铭心的记忆在马江海战纪念馆被展示得惊心动魄。这座纪念馆毗邻马尾造船厂,昭忠祠是其核心所在。一间空旷的大厅里,1884年、1894年阵亡者牌位并列于正中。建于1886年的昭忠祠1920年重修时福建籍甲午烈士被合入祭祀,因此成为中国罕见的两次海战共同纪念地。

一片混凝土覆盖的巨大墓地坐落于室外马限山下,那里埋葬着1884年马江战役福建水师796名牺牲将士中的400人。马江战败后的几天,中国东南不少地区陷入"胜利"欢庆,令人兴奋的假消息四处传播。在温州,传教士苏慧廉获得的消息是中国军队全歼法国人于海上,结果却完全相反。这种想象中的胜利到了甲午战争竟再次上演。马江海战重挫中国,激发起更大的海军发展宏图。然而从甲申到甲午,10年之间一场惨败继以另一场惨败,向世人血淋淋地昭示一条历史经验:流过的血并非总能浇灌成功,失败和耻辱可以一次次重来。

五

当中国不得不向日本求和，郁闷的严复拿出更多时间研究西洋书。1885 年第一次回乡考试到 1893 年，他四下科场，费力虽多，结果还是考不上。与严复年龄相仿的张謇，几乎在同一时期干着同样的事。他们的人生经历绝非巧合，直到那时，中国人的政治机会和地位仍主要由科考提供。与 1894 年得中恩科状元的张謇相比，严复的功名之路更加坎坷。直到 1910 年，4 岁的末代皇帝颁旨赐其进士出身，才算了结他一桩心病。

不过中日战争却让严复、张謇们意外偏离传统人生，转而寻找新的救国之道。着手破解西方富强密钥的严复首先从批判传统圣人下手，不知这是否与一连串的科场挫折有关。1897 年 3 月，在一封长达 21 页的长信里，严复提醒梁启超"教不可保，也不必保"，不必跟着康有为大倡孔教。梁启超似乎颇受启发，回复直称天下知其爱其者，"舍父师之外，无如严先生"。批判古人、圣人之所以变成一个重要目标，并非严复多么讨厌儒学，而是他将其归为中国贫弱之因：圣人牢笼天下，致使中国民力千百年来日益衰退。

严复宣称看懂了西方强大的原因，从器物、制度直至"哲学",密钥正是人的力量。《天演论》序言出自吴汝纶之手,他对严译评价可谓一语中的:"赫胥黎氏起而尽变故说,以为天不可独任,要贵以人持天。"严复的判断不仅是"中国委天数","西人恃人力"(《论世变之亟》),更重要的是这种人力并非来自传统圣人,而是今人。所谓中西事理,"莫大于中之人好古而忽今,西之人力今以胜古"。虽然进化论的中国支持者声称这种基于"进化"的价值判断,与孔子人性发展的预言并不矛盾,但儒学家(如叶德辉)却从中敏锐地嗅到不祥信号。这并非小题大做,晚清儒家的衰败,不仅在于遭遇西方义理,中西合璧的诠释同样制造了很大麻烦。以《天演论》来说,它不可回避地挑战了儒家正典,后者主张人性本善,美好时代已在过去显示而非未来,它无需进化,更多需要的是感受和自省。

1890年代的知识精英焦虑无比,为国家危机坐卧不安。翻译《天演论》正是克服危机的努力之一。"君"和"圣人"如果宣告失灵,引入更多力量参与国家振兴或能带来新的机会。"溯源竟委,发明富强之事,造端于民",1896年严复这样告诉梁启超。不过圣人之外的"人力"之所以被他关注,并非呼唤一种现代个人主义,尽管他对西方的洞察相当深邃,"自由为体,民主为用"的判断更是达到19世纪中国人罕见的高点。但严复认定"自由"

的最大功用却是发挥集体力量，斯宾塞的个人主义在此被过滤。因此如果说《天演论》译者是自由主义者，那么他更像一个"新型自由主义者"，而非流行于17、18世纪的古典自由主义者，后者更关心个人和如何限制王权。

严复游学欧洲那几年，英国的思想氛围正发生变化，动摇传统自由主义的主角是格林，他的两部主要代表作《政治义务的原则》（1879—1880年）、《伦理学导论》（1883年）分别在1880年前后完成。试图将黑格尔哲学与传统自由主义联姻的新自由主义虽没有最终倒向国家主义，却赋予国家更积极的角色，使之成为道德和善的载体。因此有学者将格林时代的自由主义译为新型自由主义（new liberalism），而把"二战"后再次复苏的哈耶克式"新古典自由主义"称为新自由主义（neoliberalism）（李强语）。在格林们看来，"自我乃是社会的自我"，个人施展自由很大程度上只是为了更好贡献社会。"平等、自由、民权诸主义，百年已往"，目睹古典自由主义渐成明日黄花，严复心情复杂，却正中下怀。他嘴里说的"故所急者，乃国群之自由，非小己之自由"，简直和这股思想潮流说的是一个意思。

"中国人的个体职责不是依附任何一套固定的普遍的价值理念或约定的信念，而应当把自己作为社会的一小部分来关注社会的生存、发展作为首要任务。"严复最重要的海外研究者史华兹,将思考置于更大文化背景之下。上述情景多少源自传统文化惯性或偏好,多少来自历史阶段所限,很难说得清楚。不过用进化论来解释、强化国家主义则由此变得可能,甚至成为一种振振有词的时髦之举。1903年,湖南巡抚赵尔巽驳斥当地高等学堂学生搞自由民权,用的正是一种社会达尔文语气:"诸生亦知彼所谓民权自由之说,在当日为名言,在今日已为陈言乎?"这位巡抚声称西方社会已从"平权"进入强权时代,而强权时代中国正宜利用专制手段展开教化。

那么对国家来说什么才是眼下最紧要之事?严复的回答是:民智、民力和民德,其中民智为首选。对此,他在《天演论》"乌托邦"一章用了一个令人印象深刻的比喻:"谓善治如草木,而民智如土田。民智既开,则下令如流水之源,善政不期举而自举,且一举而莫能废。不然,则虽有善政,迁地弗良"。开启民智的重要手段除了翻译就是办报,这股历史潮流方兴未艾,严复迎头赶上,用"国闻"命名一张新报纸。这两个字,熟悉他的人之前曾在《天演论》序言里遇到:"讨论国闻,审敌自镜之道"。

六

报馆如果还在,《国闻报》应位于大沽北路和紫竹林法国租界区交会这一片。天津是严复第二故乡，他正是住在大狮子胡同完成了《天演论》的修改。这条海河边的胡同现在变身"古文化街"，不复旧名。问了几位当地朋友，我终于确定眼前满是小吃和杂货店的大街就是过去的大狮子胡同。曾在胡同伏案书写，思忖中国困境的严复，今天化身一尊坐像立于街道十字路口，游客多选择在此歇脚拍照，他们的背景正是侧墙之上的两行大字："物竞天择""适者生存"。

严复对报纸的兴趣，并非新闻业本身，而是希望借此放大政治呼吁。《国闻报》之前，他已在《直报》崭露头角。1895年上半年，包括引介进化论的文章在内，《论世变之亟》《原强》和《辟韩》等一批文章发表于此，不过那时严复还更多居于幕后。上述言论充满勇气，部分得益于《直报》的西方背景。它的出版人是贵族出身的汉纳根，这位德国退役军官由李鸿章通过驻德公使李凤苞邀请来华训练淮军，不过很快成为李鸿章私人军事顾问，并升任北洋水师学堂教习。1888年，北洋海军正式成军时汉纳根出力颇多，25艘舰艇中5艘主力舰、5艘鱼雷艇购自德国。

《直报》是甲午战争悲愤情绪的产物，汉纳根办报目的之一便是谴责日本人。这并非表面文章，他是这场战争的直接受害者，当挂着英国旗帜的"高升"号被日本军舰击沉，汉纳根正和1000多名淮军待在船上。若非依赖泳技和运气，他不大可能漂流几小时后被德舰"伊力达斯"号救起。不仅如此，汉氏曾参与主持修建旅顺和威海卫炮台，如今却眼睁睁看着它们一一陷落，被日军摧毁。1895年3月4日到9日，《原强》伴随威海卫的硝烟面世，这是严复第一次介绍进化论。他拒绝担任《直报》主笔，但答应帮助撰稿，几篇犀利的政论算是兑现对汉纳根的承诺。"一时胸中有物，格格欲吐"，《论世变之亟》等几篇文章启动了严复的愤懑，此后一发不可收拾。1896年，《时务报》在上海获得空前成功，言论动辄"振聩发聋"。千里之外的严复为此感到兴奋。当年9月24日，他写信给汪康年和梁启超表达支持，同时寄上汇票百元。一年之后，不知被糟糕的政局刺痛还是为报刊魔力吸引，严复决定亲自上阵，出版《国闻报》。

与《时务报》类似，《国闻报》也是几个人合作的产物，比如开明官员王修植。此人戊戌政变时曾放走从天津出逃日本的梁启超。新事业开局不错，不过严复更加投入的是报纸创刊一个月后出版的《国闻汇编》，《天演论》即陆续在此发表。双刊格局与《时务报》派生《时务日报》（后改《中外日报》）惊人相似，显示满载上谕、电报的日报无法满足出版者的政论渴求。从《国闻报》创刊至1898年10月14日，严复一年之内撰写了42篇社论中的 28 篇,《国闻报》与《时务报》南北合奏,呼吁变革,并一举成为中国北方最重要的中文报刊。

《国闻报》的出现并非偶然,直面现代世界冲击的天津和近代重要港口城市相似,需要报纸传播轮船班次、时间和票价信息。为此,天津海关税务司德璀琳、怡和洋行总理笳臣联手于 1886 年 11 月创办《中国时报》,它相当成功,一度被称为"远东最好的报纸"。比起上海,天津的优势之一是距离政治最高层更近,但这也是麻烦所在。1898 年 2 月,《总理衙门奏教案办结胶澳议租折》一文引起北京有司震怒,责令北洋大臣王文韶封禁《国闻报》,并特别关照追查一下道员严复"有无与外人勾串之事"。好在王对严复相当尊敬,非但帮他撇清关系,还在不久上调户部尚书之际为其上书请奖。1898 年 9 月 14 日,严复因此被召进京见驾,人生中第一次面对最高统治者。

几个月前,《国闻报》用 9 次连载刊发《拟上皇帝书》,这是严复的得意之作,光绪却没有看见。乾清宫里严复想起了这篇长文,问皇帝是否看过,结果后者回复说:"他们没有呈上来。"不过皇上对严复是否担任报馆主笔颇有兴趣,也许是想起不久前的追查风波,严复对此加以否认,只承认自己为报纸撰写过言论。

那么《拟上皇帝书》到底写了什么?面对皇上的好

奇,严复简单回答说,无非建议先到海外走走,联络各国,以及到国内各处看看,收揽百姓之心。光绪似有感悟,微叹"中国就是守旧人多,怎好？"实际上,那篇长文给出的意见相当丰富,严复在其中委婉地警告说,面对闯入中国打破数千年格局的西方人,民情和天意都只能以变应对:"今者大势岌岌,不治将亡","惟天惟祖宗所日夜属望陛下早为改革者也"。他以维多利亚女王为例,称她不过一位慈祥女主,并非聪明神武,英国之所以富强要归因民众"自为"。此论与明治时期日本教育家中村正直的判断惊人相似,后者去了英国之后发现,女王"不过寻常老妇,含饴弄孙耳,而百姓议会权最重"。英国现代民主政治令亚洲知识精英大开眼界,超越帝王一家一姓的制度力量尤其令他们印象深刻。

　　接见严复时光绪正忙着大刀阔斧地推行新法,急于改弦更张,一口气废掉一堆旧制度。可惜反击的力量很快到来。9月22日严复返回天津,次日光绪被幽禁于瀛台。所幸严复没有因这次见面受到更多牵连。《国闻报》尽管经常鼓吹变法,但查处风波后已挂名外籍,被日本人西村博接收,1898年3月28日起报纸加印明治年号。无论真接管还是挂虚名,这种手段在当时相当流行,戊戌政变后报业管制收紧,尤其如此。1898年10月26日,李鸿章向到京访问的《法兰克福报》记者高德满抱怨说:

"由于几乎所有的中国报纸都是欧洲人或日本人所有的,所以事情非常难办,为此禁令就完全起不了作用。如果政府制订了规则而事实上却无法执行,就会留下很坏的印象。"外国出版人的好处几乎众所周知,人们对报纸拿外国人做挡箭牌这种事也心知肚明,甚至包括义和团。1900年,他们在京津地区风头正劲,专门张贴告示警告《国闻报》:"国闻报上多谬妄,乱语胡言任意登。该报因有日人保,故敢造谤诋我们。兹特示尔国闻报,此后下笔要留神。倘敢再有诽谤语,定须毁屋不留情。"

七

"目前我的孩子们在天津,我独自和几个仆人住在我的这所房子里。形势日趋恶化,我真不知道如何是好。我实在无能为力。"1911年11月7日,武昌"叛乱"近一个月,严复给《泰晤士报》记者莫理循去信倾诉痛苦心情。中国怎么会陷入这场动荡?严复给出了自己的判断,他将这场"叛乱"的原因归纳如下:(一)摄政王及其大臣们的极端无能;(二)心怀不满的新闻记者们给中国老百姓头脑中带来的偏见和误解的反响;(三)秘密会党和在日本的反叛学生酝酿已久;(四)近几年来长江流域饥荒频仍,以及商业危机引起的恐慌和各个口岸的信贷紧缩。流利的英文和及时的中国政局解读,使上述内容变成一篇难得的国际评论,它被原文发表在1911年11月28日的《泰晤士报》上,不过却没有署名。

严复喜欢算卦和写日记,这个老习惯似乎被这场革命改变。辛亥年他的日记写得少了,算的卦却多了。不久,梁启超作为流亡英雄回到中国,以启蒙导师身份接受各方膜拜,严复却更像一个失败者忽然面临黯然退场。他刚为大清国歌《巩金瓯》填写歌词,显然难以接受帝国突然垮塌的事实,而更愿意将之归为主政者的个人失误:"如果摄政王不是个无情无义的傻瓜,又没有庆亲王、张之洞蒙蔽圣聪的话,他会赢得大多数民心而绝不会发生目前的叛乱的。"

不知严复是否知道,革命领袖、临时大总统孙中山也是进化论信徒。孙在英国写下的小传里称,自己对西学"雅癖达尔文之道"。这番话写于戊戌变法前一年,孙中山刚在英国躲过一劫,从中国驻伦敦公使馆中被传奇救出。达尔文之外,耶稣和华盛顿是孙氏另两位推崇人物,将三者并列看上去不无矛盾,毕竟进化论诞生时被视为基督教世界的邪恶敌人。不过历史上每一次面对科学和理性的入侵,宗教总能化险为夷,甚至变得更加稳定。基督教人士不久也解决了这一难题,宣布"进化"也是一种上帝的安排。

孙中山对达尔文主义的热爱洋溢着革命家的烂漫，革命阵营的民族主义者则把它直接当成武器。"革命者，天演之公例也"，年轻的邹容如此号召，让人很容易想起传统中国的顺应天命口号。旧瓶装上了新酒，革命前方立起崭新的"先进"理念，而清朝权贵则被指不适应世界发展，理应淘汰。如果说邹容的《革命军》血腥复仇味太浓，《民报》的作者们下笔就慎重许多。章太炎不仅吸取进化论为己所用，还推陈出新，把善恶苦乐同时进化的新观点加入其中。进化论在他们手中更加得心应手，甚至可以用它围剿严复本人。当后者《社会通诠》指出民族主义向宗法社会返祖，落后且违反进化论时，革命者不仅向他抛出人身攻击，也提醒严复"多数种族"统治才是历史进化结果。清政府既不适应历史，也缺乏立宪"能力"，因此必须推翻。

进化论的大门一旦打开，一个新的丛林隐隐出现。革命、竞争、暴力呼唤着新的强人，不同之处可能仅仅在于他是孙中山，还是袁世凯。严复显然并不欢迎新生的共和国。"直截了当地说，按目前状况，中国是不适宜于有一个像美利坚合众国那样完全不同的、新形式的政府的。中国人民的气质和环境将需要至少三十年的变异和同化，才能使他们适合于建立共和国。共和国曾被几个轻率的革命者如孙逸仙和其他人竭力倡导过，但为任何稍有常识的人所不取。"1911年11月,遍地革命烽火之际他这样告诉莫理循。不过严复提出建立的比目前高一等的政府形式却是"保留帝制",只是它必须"受适当的宪法约束。应尽量使这种结构比过去更灵活,使之能适应环境,发展进步"。

一番阴差阳错、半推半就之后,严复的名字出现在1915年"筹安会六君子"名单中。虽然其他五人都有"劝进文",只有他闭门称病,并拒绝撰文回击梁启超雄文《异哉所谓国体问题者》,不过如果因此把严复说成被拉下水的受害者,却很难令人信服。共和骤至导致中国水土不服,严复对此素有抱怨,民国后的混乱则进一步激发他对帝制的怀念,虽然对他来说"筹安会"更像研究组织,而非行动实体。

严复对君主制素无恶感,真实的专制之国在他看来古今中外并不多,中国皇帝也并非专制。从亚里士多德到孟德斯鸠,西方政体的各种定义严复并不陌生,但有自己独特见解。比如他相信中国是孟德斯鸠《论法的精神》(严译为《法意》)所言民主、独治、专制三者之中的独治,而非专制,因为中国"有法为君民上下共守"。可能也是这个原因,他从不认为立宪政治复杂,因为"吾国本来其为立宪之国久矣"。立宪和君主如果并不矛盾,为何不能从总统改为君主呢?就像他熟悉的英国君主立宪一样?何况那时袁世凯被无数人视为复兴国家的强人,远非昏聩帝王可比。按严复的判断,专制是否可怕关键看主政者为自家子孙还是为国谋利,前者如秦始皇、隋炀帝,后者如普鲁士皇帝腓特烈大帝。毫无疑问,袁世凯成了他想象中那位"心系国家"的德国皇帝,至少民国初立时看起来如此。

"制无美恶,期于适时",这几个字便是严复对政体的真实心态。至于暂时能否抛弃君主制,早在《辟韩》一文他已说得很清楚:"其时未至,其俗未成,其民不足以自治也。"至于人民本身,严复则一边认为卢梭说的其实就是孟子说过的话,另一方面却加以选择解读,援为己用。比如对"民主之制,利用小国,犹君主之制,利用大邦"这句,他非常欣赏,这听上去和"四万万而戴一君"的中国国情十分匹配。在很长一段时间,晚清中国巧妙回避了"民主"这个说法,而使用暧昧的"民权"一词。除了认知原因,这似乎也有借重民本传统增加合法性之意。不过儒家道统的"民本"很少在历史实践中彰显,反倒是加强王权的思想被一再发挥。何况这种"民本"与近代民主并非一回事,后者是承认个体权利基础之上的政治运作结果,儒家"民本"之"民"则是一种君主仁政下的"施""放"对象。至于著名的"民为贵"之说,更合理的解释是一种政治道德化思维,一种从上而下的"关心",却无法赋予民众实际政治权利。灵光一现的左派王学与黄宗羲思想虽深切感受帝王专制之苦,却无力突破传统桎梏,改朝换代从来不解决上述问题,只是把控制普通人的权力转入下一位君王手中。

八

《物种起源》最后一章写道:"因为自然选择只是根据而且为了每个生命的利益而运作,所以一切肉体的和精神的禀赋都将会趋向于完善。"尽管强调种与种争、群与群争、国与国争,进化论的具体行动却需落实于无数个体,即"社会之变相无穷,而一一基于小己之品质"。严复明白个人自由是一种实现富强的有效方式,它也并非体用之说中的那么简单,而应被理解为一种更加本质的力量。

引入西式"自由主义"基因的严复和支持强人政治的严复,如何能做到合而为一?人们似乎可从一首诗得到启发:"压力峥嵘众志颓,合群保种勿徘徊。野蛮例应文明换,进化原从冒险来。"它刊发于《清议报》,那时梁启超正流亡海外,热衷于进化论这种新真理,并对中国的进化抱有期待,即使它带来新的"冒险"。不过梁启超和严复都想不到,中国此后会为奔向"先进"付出多少代价。

个体进步带动群体、国家富强的逻辑,在中国传统之中却遵循一条相反路径:群体和国家强大才是个人幸福的皈依和保障。近代中国唤起个人,但每一次危急却几乎无一例外地以呼唤国家告终。个人而国家,国家而个人,严复们对此可以理解为殊途同归,但实则大相径庭。如果说自由主义的大门被严复打开,却又被他随手关上,新的社会达尔文主义却以国为名,不断呼唤新式强人,他们与传统政治幽暗相通。

不过严复真的不懂"如果人民畏惧政府,则就不可能在文明上与外国竞争"(福泽谕吉语)吗?那个道出"不自由则善恶功罪,皆非己出"的严复,真的要为"种下龙种收获跳蚤"的身后事负责吗?回答这些疑问,似乎应首先看到19世纪后期至20世纪早期自由主义向国家主义让步的一段历史。实际上,这股潮流席卷天下之际,正值自由主义舶入中国之时,因此它几乎从一开端就斩断了古典根脉。况且严复时代很少有人怀疑为国家富强牺牲自由有何不妥,他们更关心的首先是群与群的竞争。"斯宾塞的个人主义概念与政府力量结盟,只能导致对自由主义价值理念的扭曲",提出政治秩序在东亚社会"优先性"的史华兹判断说,这几乎概括了自由主义在近代中国的特殊命运。事实上,从严复到被称为中国唯一自由主义者的胡适，自由、个人主义的新启蒙始终怀揣着一颗国家主义老灵魂。而被认为与格林自由主义最遥相呼应的美国人，恰是胡适导师杜威，这难道仅是一种历史巧合？如果说塑造一个现代个人和一个现代国家，本无完美平衡之道，那么中国的天平无疑从一开始就倒向后者。民国时代留学欧美的知识精英，虽更能洞彻自由主义真谛，并一度别开生面，但是当战争和亡国危机再度袭来，这种思想之光几经挣扎，终于暗淡下去。

当之无愧地，严复属于洞察现代西方最早的一批中国人，不过就生活方式"现代化"而言，他仍是一位地道士人。面对中西，严复一度犹疑不决，第一次世界大战的爆发却彻底刺激他对西方文明的失望。"欧逻巴之战，仅三年矣，种民肝脑涂地，身葬海鱼以亿兆计，而犹未已。横暴残酷，于古无闻。"能准确预测德国失败的严复，却得出西方300年进化只做到"利己杀人，寡廉鲜耻"8个字，从而坚决地转向传统，当他回首再看孔孟之道，自觉豁然开朗，"量同天地，泽被寰区"。

1918年12月，严复回到离别25年的故乡为子完婚，他没有忘记到村里的尚书祖庙祭拜陈文龙，陈是南宋末年抵抗元军的一位重要官员，严复为这座祖庙捐资2000元，以弘扬对正统文化的忠守。一年之后的11月，福州城里爆发了一场中日冲突，五四运动的尾声在此掀起一个小高潮，致使日本军舰再次光临闽江口。在这一年的早些时候，巴黎和会失败的消息传到北京，"国民外交协会"发出了"亡国灭种之虞"的警告，严复不少朋友身在其中，他们是一批视野开阔的精英人物，但1919年知识界弥漫着对西方的失望情绪。经历帝制王朝的很多人与严复相似，本无多少拥抱西方的热情，巴黎和会只是把他们往文化保守主义的立场上又用力推了一把。

白话文运动几乎与五四运动同时兴起，严复对此更无好感。他告诉亲密弟子熊育钖"须知此事，全属天演，革命时代，学说万千，然而施之人间，优者自存，劣者自败，虽千陈独秀，万胡适、钱玄同，岂能劫持其柄，则亦如春鸟秋虫，听其自鸣自止可耳"。不过他的自信过于乐观，语言的"天演"和进化很快走到严复讨厌的相反路径，所幸他没有看到文言文从中国全面退场那一天。1921年10月27日，67岁的严复因肺炎病故于福州郎官巷，不久归葬故乡。

2017年的一天，福州飘着冬季霏霏细雨，我从出租车下来，走过一片泥水路来到铁将军把门的墓园。根据经验这里应该只是无人值守，不会谢绝瞻仰。果然，其中一扇门虚挂着锁，轻轻一推便可进入。墓园里空无一人，几段台阶之后，"惟适之安"几个大字迎面而来。巨大的水泥墓地前，一块石碑上书："清侯官严几道先生之寿域"。

"惟适之安"的横屏为严复生前撰写，这块墓地被他认定风水极佳，符合传统八卦方位之说。墓地位于北鳌头山东麓，在此四面望去，今天已很难感受多少"风水"，轰隆隆的城市工地已将附近村庄变为一片楼房。

在生命的最后几年，严复更多地回到传统。去世两周前，他留下了6句遗言，第一句便是"须知中国不灭，旧法可损益，必不可叛"。第二句则提醒子孙注意身体健康。严复嗜吸鸦片并饱受其苦，尽管在文字里日日面对新文明，身体上的他却难以自拔。1907年，《民报》甚至以此刊文攻击，称那时受聘于安庆高等学堂的严复，在学校里"天天抽鸦片"。

九　尾声

"六十年来治西学者，无其比也。"陈宝琛为与世长辞的严复盖棺定论，此言非虚。近代中国很长一段时间，人们向击败自己的西方苦苦寻觅，却不得要领。进化论、西方古典经济学和政治理论经严复之手陆续导入中国，本土精英终于可以从传教士的书籍中抬起目光，打量更加立体而丰富的西方文明。

严复辞世这一年，"社会主义"在中国从思想转向行动。2月,梁启超在《改造》3卷6号发表《复张东荪书论社会主义运动》,称中国无法实现社会主义的根本原因在于没有劳动阶级。这场罗素访华引发的社会主义争论,显示马克思主义正在中国孕育巨大势能。中国共产党当年在上海成立,一年之后论战中反对社会主义的《改造》杂志停刊,更加激进的革命话语开始成为主流之一。"敌人是不会自行消灭的",这句口号不久标志着一种新的达尔文主义版本:"敌人"只能通过"决一死战",达到"你死我活"。它混合了马克思和达尔文主义,或者说两者自有心心相印之处。正如蔡和森在《新青年》第9卷所说:"窃以为马克思主义的骨髓在综合革命说与进化说。"

"前半部是唯物的,后半部是唯心的"。1971年,印有毛泽东语录的赫胥黎《进化论与伦理学》出版,前言里如此评价该著。多年以前,严复翻译的《天演论》正是"唯物主义"的前半部,它成为新一代革命者必看之作。如果说一种语言意味着一种世界观(洪堡语),严复的翻译事业竟意外推动了21世纪中国人的崭新世界观。不过,盗火者本人却永远没有机会回答一些跨越历史的疑问,比如"群"和人民民主中的"人民"到底有何区别?

1901年,严复翻译了亚当·斯密的《国富论》(严译为《原富》),并于次年出版;同一作者的《道德情操论》中译本却姗姗来迟,等到世纪末的 1997 年才得以出版。《国富论》堪称富强之术,但缺少《道德情操论》却大为失色,甚至不少地方难以理解,几代中国读者正是在这种情况下一边读着它,一边激动地寻找富国之路。

> 破坏易,建设难,谁知之者!
>
> ——张謇

第六章　理想国

1915年2月的一天,美国驻华大使芮恩施应邀参加一次午宴,聚会地点似乎有点特殊:清代农事试验场旧地。邀请者张謇时任民国农工商总长,美国人是他治理淮河新的希望。芮恩施对张謇印象颇佳,知道这位名士"有关国事的言论对国家具有决定性的作用",虽不免持有一些旧看法,却能"专心致志地从事完全现代化的事业"。张氏开放之姿和雄心勃勃的计划给这位美国人留下了深刻印象,让他不禁感到,中国的确已经产生出一种新的精神,眼前的情景和过去那些暮气沉沉的清廷官员相比,实在难以想象。

民国开始的前几年,张謇从南通来到首都权力中心,奔波于庙堂和民间多年的实业家和许多乐观的人一样,觉得政治可为的时代已到。不过他很快发现,那仅是昙花一现的错觉。

一

1903年,张謇第一次踏足东瀛。《朝日新闻》画师山内愚仙在他抵达不久,迅速为其绘制一幅铅笔速写画。日本各界对这位中国访客抱有浓厚兴趣,政界、教育和实业精英纷纷与之会面,其中包括日本枢密顾问官田中不二麿、大阪府书记山田新一郎、著名汉学家内藤湖南以及朝日新闻社两位社长。他们知道张謇的分量,后者为考察日本第5次国内劝业博览会而来,但正如《朝日新闻》所言,他并非以视察为名的走马观花之辈,其身份也不仅是一位实业家。

"日人治国若治圃"。南至九州长崎,北至北海道,70多天的异国见闻令张謇印象深刻,心情复杂。此前他从未到过日本,却在外交上间接交手几次。此番直面明治维新之后突飞猛进的对手,不可谓不刺激。途经下关,《马关条约》墨迹犹在。春帆楼前,8年前的国家耻辱扑面而来,让年过50的张謇想起"遗恨长留乙未年"。1895年(农历乙未年)4月30日,张謇在南通悲愤地写下:"合约十款,几罄中国制膏血"。似乎为了凝固这个历史时刻,他把刚刚目睹的《马关条约》条款全部抄录于当天日记之中。甲午之战改变了无数中国人命运,也将一些人推至历史舞台的聚光灯下,其中无疑包括张謇。那一年他还没有想过未来要做一个实业家。就在开战之前,他刚刚高中恩科状元。

1894年的考试比前几次来得更加辛苦,时逢官方整顿考场,不再允许水夫代背考筐,弄得大小知识精英个个苦不堪言。那段时间帝都天气异常,除了烈日便是倾盆大雨,一次考完大雨如注,平地水深过尺,泥泞中张謇深一脚浅一脚地狼狈回到住处,发现全身已被淋透。这是他第5次进京赶考,此番北上本为履行孝道,76岁的父亲张彭年身体不佳,急于在有生之年目睹儿子光宗耀祖,这个海门普通家庭依靠他多年亦农亦商的操劳才得以维持,而他对这个儿子特别寄予厚望。1894年并非常规科举会试之年,但因慈禧六十大寿特开"恩科"。当年正月,三哥张詧从江西来信通报了这个信息,张彭年恳求张謇再次赴京,面对父亲"儿年未老",可再试一回的恳求,"余不敢违",张謇在《啬翁自订年谱》中说。他无法拒绝,却迟迟不肯出发,多次失利让张謇把过程艰苦、结果难料的考场视为畏途。

这次硬着头皮的考试之旅却获得巨大回报,41岁的张謇在京一举摘得头名,高中恩科状元。多年考场奋斗终于修成正果。按照惯例,顺天府官员在紫禁城外为新状元举行了隆重仪式，张謇收获了传统读书人的最高荣誉。人到中年的张謇此时却忽然意兴阑珊，心生疲倦。"栖门海鸟，本无钟鼓之心；伏枥辕驹，久倦风尘之想。"日记中他这样写道。张謇从1873年9月开始写日记，成为其人生的一条重要线索。想到去世的母亲和危机四伏的国家，新科状元悲从中来，竟对着一个看望他的朋友放声大哭。父亲的病情不断恶化，张謇却很难立即返乡，帝师翁同龢此时更需要他，翁是张真正的贵人，正是他多年支持和欣赏，张才最终走到科举巅峰。

张謇已经为科举奋斗了26年，他的考场之路开局顺利，16岁即中秀才，不料此后命运多舛。首先给他重大打击的是一场冒籍风波。由于张家属于"冷籍"（三代无人入学为生员），没有直接报考资格。张謇在父亲安排下"冒籍"如皋另一张姓家族，以"张育才"之名参加县学考试，结果证明这次冒险后果严重。考中之后张家屡遭对方讹诈，为保住功名只得忍气吞声，为此负债累累。1872年的一个雨夜，在如皋因此面临牢狱之灾的张謇，提着灯笼在狂风大雨中一路逃跑，19岁的年轻人在这个夜晚过早感受了人生绝境。此事经通州知府孙云锦协调最终平息，但数年提心吊胆让张謇目睹人性黑暗的一面，24年后他写下《归籍记》，回忆自己当年"忿火中烧"，差点想用"利刃砍仇人头"，只是想起父母健在才忍下这口气。冒籍风波的阴影此后很长时间挥之不去，似乎也从此带走了考场好运。

此后，张謇5次去省城江宁参加乡试均告失败。他只好一边充当幕僚谋生，一边继续准备科考。然而考场失意的张謇，却因1876年加入淮军名将吴长庆幕府，意外打开了自己的新政治生涯。

1882年，朝鲜爆发士兵哗变，清国以传统宗主国名义派吴长庆率兵赴朝，和出兵仁川的日本暗自较量。张謇作为幕僚来到汉城，29岁的他第一次站在如此重大的历史舞台上，很快崭露头角。吴长庆帐下另一位年轻人同样抓住了这次机会，此人正是比张謇小6岁的袁世凯。1881年，22岁的袁世凯因家道中落，带上几十名同乡男子投奔驻守登州的世交吴长庆。袁世凯文化修养有限，被指派为师的张謇发现此人办事干练，政治上颇有抱负，只是苦于没有机会。1882年的东亚纠纷意外给袁、张二人送来机遇，两人文韬武略，运筹帷幄，很快助吴长庆平定乱局，也把各自送至更大的政治舞台。张謇所拟对朝策略得以进入北京高层视野，正是从这时起翁同龢注意到他的存在，并对这位未曾谋面的年轻人欣赏有加，两人的关系发展得非同一般。

张謇的命运在1884年吴长庆病故后陡生转折，声名鹊起的他此时机会不少，递来橄榄枝的要人甚至包括张之洞和李鸿章，但张对投靠大臣继续充当幕僚失去兴趣，希望以正规功名获得政治身份。"名不正则言不顺"，这本是儒家经典理念之一。翁同龢则在北京焦急地等待，希望张謇在考场上开花结果，成为一名留在北京的正式官员，以助自己一臂之力。可惜事与愿违，造化弄人，先后4次北京会试，张謇均名落孙山，铩羽而归，直到1894年这次恩科的意外出现。

二

翁同龢是毫无争议的清流领袖和1894年主战派，张謇则通过翁影响了国家重大决策，包括甲午战争，至少当时很多人如此判断，比如翁的门生王伯恭。后者称"是时张季直新状元及第，言于常熟，以日本蕞尔小国，何足以抗天兵，非大创之，不足以示威而免患。常熟韪之，力主战"。王伯恭与朝鲜打过交道，这场战争的导火索正从那里燃起。1894年，清政府出兵镇压东学党起义，日本称雄亚洲的扩张之心被激发。自1870年代开始，明治维新之后的日本与东亚传统大国摩擦不断，隐隐成为彼此心照不宣的对手，前者在吞并琉球等一系列事件中获得足够的利益和自信，一直坐等新的机会。这场动乱终于助推中日开战。8月1日，犹豫不决的中国正式宣战。

1863年出任海关总税务司的英国人罗伯特·赫德是一个地道中国通,有着旁观者难得的冷静。战争爆发前他不无忧虑地向英国政府报告说:"现在中国除了千分之一的极少数人以外,其余999人都相信大中国可以打垮小日本"。赫德曾帮助中国购买8艘军舰组建新的海军,至1894年,主战舰购自德、英的清国海军总吨位、配备装甲舰数量皆高于日本,战胜对手的乐观情绪相当普遍。多数中国政治精英并不清楚对手在明治维新后发生了多大变化,不少人甚至希望通过击败日本重树传统大国之威,高呼直捣日本本土的人不在少数。而对大多数中国百姓而言,这场战争似乎只是帝王家事,并无多少参与兴趣,这和日本高涨的战争情绪和全民动员形成鲜明对比。

张謇对战胜日本抱有信心,面对咄咄逼人的战事,他选择暂留京城协助翁同龢。此时,军中幕僚和入朝经验显得非常宝贵,尤其在主战派清流文官里。而且张謇熟悉中国沿海军事地理,洞察时事人情。当叶志超和聂士成被派率军入朝,他对两人给出如下判断:叶志超"夸诞不足当大事",聂士成"尚有勇气"。结果证明这个预言相当准确。叶志超9月15日放弃平壤,率军溃退回国;聂士成日后则在庚子之变中死守天津阵亡,成为西方人眼里少数值得尊敬的中国军人。此外,保举抗法名将刘永福、撤换海军提督丁汝昌的意见,事后看来张謇也颇具眼光。

但是形势比人强,开战不久张謇就不安地发现,双方已非十几年前在朝鲜时可比,淮军和北洋水师远非看起来那么强大。雪上加霜的是,父亲病危的消息从故乡传来,匆匆回乡的他甚至没来得及见到父亲最后一面。身负丧父之痛,张謇只能一边按制在家守孝,一边听着战场接踵而至的坏消息,无奈地目睹国家陷入前所未有的耻辱。战争很快以一触即溃的态势崩盘,面对杀入国境的日军,清政府除了接受城下之盟,几乎没有其他选择。如果说此前面对欧美强国,清廷尚能找到一番外交、军事失败理由,败于日本则完全不同,这意味着东方首屈一指的大国首次在亚洲沦为二流国家。实际上,此前传统藩属国如越南已经陆续失去,却并没影响亚洲老大帝国的心态,中国对日宣战谕旨第一条仍是"朝鲜为我大清国藩属二百余年"。

《朝鲜善后六策》写于1880年代,作者张謇主张废除朝鲜王国,设置郡县。在张謇和许多士大夫眼里,甲午战争无非是"日本强图臣服我藩邦"。相比之下,日本标榜的理由却是让朝鲜独立,虽然意图远非如此,但不能不承认后者已懂得利用国际法和"文明世界"规则。甲午之前,1886年日本加入《国际红十字公约》,1887

年加入《巴黎海战宣言》，1894年的战争因此呈现出新兴国家与落后老大帝国角逐的面貌。福泽谕吉自信满满地把"日清战争"描述为一场"文明和野蛮的战争"。此时已倒向日本的西方人，大体如《纽约先驱报》所持立场："（日本）在朝鲜的作为将有利于整个世界，她一旦失败将令这一隐士之国重回中国野蛮的统治。"至于朝鲜，当年6月30日已声明自己为独立国家，并于7月25日宣布废除朝鲜与清王朝所签条约，战后《马关条约》对此予以承认，第一条便是"中国认明朝鲜国确为完全无缺之独立自主国"。

失败的李鸿章饱受谴责，批李的奏章不少，张謇的那篇写得最触目惊心，如同一份洋务运动的判决书："以四朝元老，筹三省之海防，统胜兵精卒五十营，设机厂学堂六七处，历时二十年之久，用财数千万之多。一旦有事，但能漫为大言，胁制朝野；曾无一端立于可战之地，以善可和之局。稍有人理，能无痛心"。此番言论难免让人想起多年前他和李鸿章的"过节"。张建议朝鲜废为郡县，李则视之为越轨之言加以嘲讽。不过，清流人士对李鸿章的战败指责并非公平，大清国破旧的政权机器里李鸿章实为运转最好的那部分，而他甚至连海军都难以全面控制，比如袖手旁观的南洋水师。

张謇的说法有一点倒是事实，1894年之败确实宣告了仿效西方器物的失效,国家主导的自强行动难以应付卷入新世界的巨大危机,洋务运动的繁荣很多时候只是华丽的技术泡沫。李鸿章对此并非不懂,否则《马关条约》谈判中他就不会对伊藤博文苦涩地说出那句:"也许应该感谢贵国唤醒了吾中华国人"。

三

"唤起吾国四千年之大梦,实自甲午一役始也。"年轻的梁启超如此感叹,那一年他只有 21 岁。甲午战争和《马关条约》成为一代人的心灵创伤,反思和救亡此后成为一种共识。士大夫们的文化优越感风光不再,如果说不是荡然无存的话,他们需直面国家被新兴世界甩下甚至瓜分的残酷事实。新的时代精神从悲愤的战败氛围中升起,一批新人登上自己的历史舞台。康有为带领士人公车上书,进而推动直接政治改革,一场激动人心的变法大幕就此拉开;梁启超选择出版新式媒体,慢慢踏上启蒙新民之路;给李鸿章投书改革的孙中山走得更远,1894 年他在美国檀香山成立兴中会,痛陈甲午之败令中国面临蚕食鲸吞、瓜分豆剖,自此转向现代民族革命。

1898 年,丁忧期满后,张謇再次来到北京,参加人生的最后一次考试:补散馆试。传统中这是对翰林三年一次的考核。保和殿考场上发生了一件事,让45岁的状元异常狼狈。四川人胡峻越从奋笔疾书的张謇面前经过,不慎碰到桌子,墨汁洒到考卷上,顿时密密麻麻,污点如豆。无奈之下张謇只好刮去重写,不料最后交卷前发现重写内容缺了一个字,只好再次刮去30个字重写。这张修修补补的卷子,最后获得的成绩是二等37名。

同样让张謇感到窘迫的是第一次使用老花镜。长期读书、应试已经毁坏了他的眼睛。按照惯例,这次考试成绩优者"留馆"翰林,其他人的出路为六部或御史。已在故乡铺开实业之路的张謇,这时很难说对官场已完全失去兴趣。但糟糕的考试经历多少败坏了他的情绪,更令他失望并可能因此决心远离政治旋涡的,是目睹一次惊心动魄的政治变故:翁同龢被解职遣送出京。

张謇到来时,帝都正悄然进行一场政治改革运动,他受翁同龢之托参与草拟的《京师大学堂办法》,正是这场史称戊戌变法的重要内容之一。翁力主改革但不无保守,对康有为没那么喜欢,不过却希望借助宫廷之外的力量,结果意外成为变法的首个牺牲品,在光绪召见康有为的前一天被开缺回籍。"翁氏的忙乱、守旧或许助长了一场宫廷政变,使大权落到慈禧太后手中,于是皇帝对他颁下无情的谕旨",赫德观察说。不过旨意出自帝、后何人之手抑或二人联手,一直争议不休。令人感到羞辱的是，对这位老臣的处罚随后从开缺变为"交地方官严加管束"。帝师被驱震惊各界，张謇尤其备受打击。年纪与父亲相差无几的翁同龢，对张一直呵护有加，无话不谈。火车站台上，张謇挥泪送别翁同龢，拥在众多送行者中不知如何安慰，只能送赠一首《奉送松禅老人归虞山》以为纪念，其中"潜绝孤怀成众谤"一句，显然为其鸣不平。

1830年出生的翁同龢此时年近七旬，兢兢业业地伺候过三代帝王，以状元和帝师身份显赫数十载。如此凄凉的结局不能不让人唏嘘，也许张謇会想起几年前另一个老臣对他的刺激。1894年的一天，从颐和园回紫禁城的慈禧恰逢暴雨，大小官员狼狈地跪在泥水里接驾，翰林院老人、张之洞堂兄张之万因年过八十竟久跪难起，然而太后乘轿经过时对这一切视若无物，连头也没有抬一下。目睹如履薄冰的帝国官员如此没有尊严，新科状元张謇忽然心死如灰，那些曾经的仕途理想不由得暗淡下去。当晚他提笔向翁同龢倾诉辞官之意，后者则建议不要着急，观望时局以待变化。如今翁氏凄凉离去，张謇和官场的亲密脐带似乎就此切断。如果说1894年张謇已有远离仕途之意，1898年的短暂北京之行则让他的人生彻底拐入另一条通道。

他很快离开北京，十几年内再没回来，从此专心投入自己的故乡实业之路。

四

Z140 是一班直快列车,每天把北京和南通连接起来,它开通于 2014 年 12 月 11 日。在此之前,南通至北京的 Z52 次火车已经开通,这两条经华北平原转入苏北的交通线,曾朦胧出现在张謇的憧憬里。

港闸路依河而建,距离建成已逾 110 年。这条公路今天看起来非常普通,甚至有点冷清。不过在修建它的 1905 年却是江苏第一条现代公路,修建者正是张謇。附近的老人仍然记得父辈的回忆:马路开通时热闹非凡,人群中张謇的汽车慢慢开来,他下车向大家连连拱手,当地人则亲切地叫他"四先生"。家中排行老四的"四先生"是南通本地人,出生于常乐镇。按照中国传统,人们以籍贯代称那些功成名就的人物,晚清民国时代的中国人第一次听说南通,很多正是通过"张南通"。

与不远处的上海相似,南通也是一座移民城市。老通吕公路被当地人俗称"长江老岸",以此为界,过去往南是"沙地人",多为吴语系崇明移民;以北则多说"江北话",从此继续向北约 300 公里,便是中国南北界河淮河,跨过它华北大平原已遥遥在望。从中国版图自西向东眺望，古老的黄色文明至此熏染海洋之风，转入蓝色中国。不过在交通发达的江苏，南通一度相对闭塞，更难与长江对面开发悠久的江南匹敌。被称为民国模范城的南通崛起于张謇之手，后者用实业、教育和崭新的公共精神为这里注入现代城市基因，而这一切的起点是唐闸。

位于城北的唐闸曾经热闹非凡，这里厂房星罗棋布，通往扬州、南京的运河和崭新的马路为近代南通添加引擎。无数中外人物到此参观，目睹冉冉升起的新南通和她闪耀的时代精神。大生公司的钟楼今天还在，唐闸的工业遗产则变身为1895文创园，本地创业精英在此承继状元企业家的特殊文脉。一座张謇的巨大雕塑立于文创园广场，目视着"大生码头"牌坊，运河里仍有船只来来往往，但少得可怜。今天，南通重心已经转至南城，唐闸和那里的摩天大楼相比显得十分冷清。

南通人对张謇熟悉而亲切，他的历史遗产四处可见。我对"更俗剧场"抱有兴趣，特意从宾馆步行前往参观。这个名字意在"除旧布新、移风易俗"，拥有1200个座位的剧场是张謇与戏剧家欧阳予倩合作的产物。在这里观众不仅要对号入座，而且不能像旧戏园那样大声叫好，这算当年中国的新鲜事。开张次年，梅兰芳到南通连演11场，轰动全国。人们可以通过梅欧阁纪念馆中3人的蜡像回想昔日的戏剧盛事,可惜我来的时候却被告知暂停参观,何时开放不得而知。事实上,老照片里的更俗剧场1980年代之后已不复存在,2002年重修后它被改为剧院。新剧院今天看上去功能复杂,除了人气欠佳的电影院,这里还有KTV和玉器大卖场。

  1919年开幕那一天,张謇到此亲自升旗,他很难想到有一天别人会扮演自己在这座剧院演出。2017年6月12日,话剧《张謇》在此首演,舞台下座无虚席,当舞台上一个70岁的张謇穿过历史走到台前,观者报以热烈掌声。几乎没有一座中国城市对一个历史人物拥有如此感情,甚至他的墓地也被建为一片美丽的公园——"啬园",公园对面的南通大学亦为张謇创办。他的形象如此星罗棋布,在不少外来者看来似乎不无过分崇拜,但在本地人眼里却相当自然。南通创造了众多中国第一,后来者无法回避张謇的历史渊源。正是在他之后,南通从一个小城成长为一座生机勃勃的现代城市。2017年,南通GDP高居中国所有城市第18位,即使在以富裕著称的长三角城市群,这也是一个令人啧啧的数字。今天它仍在不断膨胀,连接南通与上海的沪通大桥将于2019年通车,这座世界最大跨度的公铁两用斜拉桥见证着南通的雄心,不久它将把去往上海的时间缩短至一个小时。

  甲午之败刺激着归乡的张謇,让他清醒意识到国家主导的自强行动经常有名无实,并不能真正解决危机。这场家国危机千年未有,正如严复所言,"头痛说头,脚痛说脚"的办法已不足以解救。在一封给翁同龢的信里张謇痛苦地说,以目前的形势,如果不奋发图强亡羊补牢,10 到 20 年后中国将成为下一个朝鲜。说这番话时战争尚未结束,他同样给光绪帝上了一道奏折,称俄、日两国威胁虽大,但"中国大患不在外侮之纷乘,而在自强之无实"。

张謇所理解的自强之道就是实业和教育,这是他回到故乡搭建自己"理想国"的两大支柱。放弃"可耻之官",转而培育一方水土,不失为一种更好的自强之路。充当幕僚多年,他久见官场有识之士的无奈。1883 年,郑州黄河决堤后灾民四散奔逃,哀鸿遍野,救灾计划却因官场意见之争难以实施。对张謇有知遇之恩的孙云锦时任开封知府,目睹此景不无悲愤地说了一句,"官不做可也,眼前灾民,不可不救",令张謇印象深刻。南通之所以被誉为中国近代第一城,很大程度上在于其散发着罕见的"公共精神",而这正是近代精英发现中国最为缺失的东西。经张謇之手,南通开创了众多中国第一,它的博物苑、公园以及公益事业至今令外来者印象深刻。

很快,这种公共性便无可避免地进入到"政治"领域。

五

19世纪中后期的上海还是江苏一个不算大的城市，但十里洋场已经有模有样，日渐繁华。这里不仅讲究契约精神，拥有国际眼光，也催生着大胆的新思想和政治行动。往来于南通上海之间，张謇主要忙于实业，1903年日本考察归来却渐渐多了些政治味道。到了1906年，清末影响最大的立宪团体"预备立宪公会"在沪成立，他连任4届副会长，比起挂名会长的郑孝胥，张謇是这个精英组织的真正灵魂。

投身实业的张謇并没有对政治失去兴趣，不过在很长一段时间里相当保守，包括戊戌变法之年。1898年春，北京弥漫着变革气息，康有为几个月前数次上书皇帝请求变法。一年前胶州湾被德国人占领，激发一批知识精英采取更急切的行动。这时张謇恰在北京，不过那时他更关心的是和实业相关的税制。即使亲眼在翁同龢处看到拟定的变法谕旨，他也基本与火热的改革保持距离。变法开始前一天与翁同龢长谈，张謇似乎体察到对方的艰难处境，日记里写下"至苦"一词。无人得知这次谈话细节，但有一点可以肯定，张謇对康、梁变法方案并无多大兴趣。虽名列强学会，不过正如梁鼎芬来函说的那样，此举实为对方力邀"张状元"列名支持。1896—1897年，梁启超等人会聚上海鼓吹政治改革。张謇往来沪上却并未表现出多少参与热情。他甚至对康、梁多有规劝："曾一再劝勿轻举"（《啬翁自订年谱》）。更让变法者难以容忍的是，当戊戌政变以流血而终，张謇在日记里甚至对谭嗣同、林旭多有讽刺。

45岁的张謇，此时在政治上显得过于稳重。

时至1900年五六月，义和团大批拥入京津。大沽口陷落后，张謇、陈三立、汤寿潜等人感到不妙，纷纷出动，对地方督抚施加影响。6月21日清廷发布宣战上谕，国家面临灭顶之灾，两江总督刘坤一、湖广总督张之洞深知与多国军队作战的结局，但抗旨不遵的后果也不堪设想。关键时刻，张謇劝说犹豫不决的刘坤一施行自保，结果进退维谷中的两江总督抛给他一个难题：皇家如果逃亡西北，"西北与东南孰重？"张謇对以："无西北不足以存东南，为其名不足以存也；无东南不足以存西北，为其实不足以存也。"意味深长地暗示君臣伦理与国家存亡互相依存的微妙关系。此时上海报界大造舆论，刊发《南方不宜受北方指授》《使南方平安中国幸存》等文鼓励东南自保。在此背景下，刘坤一、张之洞终于下定决心和西方列强签订《东南保护约款》，东南诸省得以躲过灭顶之灾。此事张謇扮演的角色不可谓不重，不过他更多的考量当属社会稳定和实业利益，这也是东南士绅的最大诉求。次年，张謇写就两万多字《变法平议》，首次系统提及改革，不过直到此时，他的政治诉求并没超过戊戌变法时的康、梁，其中列为要紧的 25 项内容仍是学堂和教育。实际上，上述内容很多参考了已故好友何嗣焜所著《乡校丛议例》，后者曾任两江总督张树声幕僚。

"有诟骂而无商量，有意气而无条理"。几次政治变革中的新旧党争令张謇反感，但庚子年中央政府几乎破产的局面亦非他所乐见。他希望做一个稳健的改良派，政治主张一直为时势推动。不过，其中有一些明显变化，显示这种被动姿态慢慢转向主动。1903 年日本之行和之后的日俄战争有力刺激了他的政治欲望。前者让张謇注意到日本崛起于"万事法为上"，后者则令其反思国土面积只有两江总督辖地大小的日本，何以 30 年兴起而"抗大国而拒强国"。"一行专制，一行宪法"，和很多知识精英一样，张謇相信这是两种不同政体导致的结果。上述思忖推动他积极投入立宪，比如出版宪法图书给保守权贵人物，甚至设法送入紫禁城 12 本试图影响慈禧。与绝交多年的袁世凯恢复关系，很大程度上也是为了鼓动后者力推立宪。

梁启超可谓晚清立宪思想推手，但地方士绅从新政开始就扮演着实践者角色。以张謇为代表的地方士绅很快成为立宪政治中坚力量，在纷乱的晚清政局中举足轻重。日后辛亥革命以各省独立的方式开花结果，某种意义上可视为地方对中央的一次革命，其过程多为士绅精英实际控制，因此民初政治才被称为"军绅政权"。

立宪之于地方精英并非纸上理论，以组建地方议会来说，几乎可视为古老绅权的重新制度化，操作起来并不困难，搞了多年地方自治的东南士绅对此尤为积极。在江苏，张謇等人推进"自治"多年，地方官员、绅士和商人阶层为此结成牢固而亲密的关系，他们通过救灾和实业这样的方式对民众施加有效影响。因此，当1909年9月江宁谘议局与苏州谘议局合并为江苏谘议局，张謇被选议长几乎水到渠成，理所当然。雷奋、杨廷栋等年轻人才的加入则为江苏谘议局增加不少新鲜血液。雷、杨颇受张謇器重，据称两人开会时常居议长两侧轮流发言。

凭借状元身份和很早接近核心权力圈的资历，张謇的号召力在地方议会精英中无人能及。江苏谘议局从一开始就摆出立法者姿态，立场明确，态度强硬，根本没打算充当橡皮图章。从1909年10月14日开幕到11月22日，江苏第一届地方议会收集议案多达184件，通过109件，高居各省之首。《时报》《东方杂志》则在上海遥相呼应，随时施以舆论援手。两江总督张人骏为此叫苦不迭，不得不在几次"府院"对抗中做出妥协。1911年5月，因预算案江苏谘议局全体辞职对抗张人骏，迫使后者让步。此举一展地方士绅权利意识，令江苏谘议局名声大噪，不过它最重要的提案却并非对抗总督，而是张謇策动的《联合各省谘议局请愿速开国会组织责任内阁案》。

六

"清国安徽巡抚昨日在安庆被人刺杀，刺客竟是该省警察局副局长。"1907年7月9日，《纽约时报》不无夸张地报道安徽巡抚恩铭遇刺。刺客徐锡麟表面上是安徽巡警学堂堂长，实为革命组织"光复会"重要领袖。恩铭官声尚佳，此事震动包括张之洞在内的大批官员。各地革命者搞的暗杀与暴动越来越多，令改良人士深为忧虑，他们急于以宪政平定人心。1909年地方议会合法化后，这一目标变得非常具体：召开全国议会、组成责任内阁。但在中央政府时间表上，1908年《钦定宪法大纲》颁布的同时，明确了9年预备立宪期限，要求速开国会的请愿运动由此展开，而张謇正是最重要的幕后推手。

1909年12月18日，16省议员代表陆续抵达上海。

东道主张謇兴致勃勃地宴请来宾，他上任江苏"议长"后一个重要行动就是联合各地谘议局要求速开国会，此举获得诸省响应。此次"各省谘议局联合大会"事实上已初具民间国会雏形。"人民或以身命相搏，事虽过激，而其意则诚"，张謇在送行文章中写道。他看好北上请愿结果，仔细推敲、斟酌请愿团名单和内容。但摄政王载沣对提前召开国会毫无兴趣，甚至十分反感"请愿"以下犯上之姿，坚持此事乃属君主大权，不得干预。高压反制令各地运动风起云涌，前赴后继，日趋激烈，一批督抚为此深感不安。广西巡抚张鸣岐、山东巡抚孙宝琦等人陆续表态支持速开国会。载沣被迫于1910年10月宣布预备立宪缩短3年，原定1916年开展的国会提前至1913年。清廷自觉此举开恩非小，足以让各界满意，为此京城马路两边商户被要求高挂龙旗庆祝，学生则放假3天提灯游行。可惜此举实属一厢情愿，连远在海外的梁启超都清楚地看到了人心的离去，悲观地发出预言：将来世界字典上绝不会有"宣统五年（1913年）四字连属成一名词者"。

张謇对这个"成果"却相当满意，实际上，他原本筹划的第3次请愿是更加精英化的议长团。万人集会出现街头让他备感不安，国会请愿如果演变成一场失控的群众运动显然非他所愿。但妥协的结果换来的却是一份糟糕的内阁名单。1911年5月,第一届责任内阁出笼,清朝贵族占据13人中的9席,最高统治阶层非但没有拿出诚意,甚至较之满汉并重的传统权力格局大开倒车。举国为之哗然,众多立宪精英终于被推向北京的对立面,转而变成革命同情者。张謇对此相当失望,他向当权者警告改良者加入"袖手旁观之派"的情形正在变为事实,但他仍抱有一些希望。

1911年6月,时隔多年张謇再次来到北京,受到资政院和其他政界要人的隆重接待。不过表面喧闹难掩皇族内阁出台后的人心沮丧。与张謇会谈的人包括端方、那桐、载泽、徐世昌以及盛宣怀,他们立场不同,各怀心事。几天后摄政王载沣召见,张謇依然保持温和姿态,所提建议里6件大事仅简单提及谘议局,甚至还有一条看上去很远的"中美人民联合"。不过说起先帝光绪,张謇悲从心起,"哽咽流涕",不安的情绪传递给了载沣,财政困窘和日俄瓜分东北的压力正折磨着这位政治经验不足的最高决策者,他左支右绌,力不从心。对坐两人感受到了时局艰难,但谁也没料到一场狂风暴雨已来到眼前。

从上海到武汉、北京,之后绕行东北、山东,这次历时两个月的长途跋涉共花掉张謇3700多元,不料竟成帝制中国留给他的最后图景。辛亥革命随后爆发,一切顿时物是人非，与他在帝都相见的几位重要人物迅速被扫入历史的角落：端方在四川被新军割下头颅祭旗，盛宣怀作为替罪羊逃亡日本，摄政王载沣不久则被迫下野。革命来势之猛出人意料，而历史却如此恰合，安排张謇目睹了它的第一幕。

1911年，湖北省城民众过了一个冷冷清清的中秋节。市面萧条，物价上涨，革命党人即将举事的消息四处流传，武汉三镇人心躁动不安。10月7日，武昌大维纱布厂开工庆典隆重举行，新工厂脱胎于张之洞官办"武昌四局"，它的新主人张謇3天前已赶来准备开工仪式，大生集团势力深入华中让他不无兴奋，凭借多年商界经验，张謇深知工厂离不开当地官绅支持，这几天他频频会见湖北头面人物。10月9日下午3点左右，一颗炸弹在汉口俄租界宝善里弄堂爆炸。日本三菱商社汉口支店职员内田顾一日记记载，邻居看到3个人在点火烧一些箱子，立刻飞报警察局，革命党人的地下工厂随后被发现。

这天中午张謇和湖北谘议局议员们共聚欢宴。他买了一对孔雀，向朋友要了一对锦鸡，派专人当天送回南通博物苑收藏。晚上湖广总督瑞澂设宴，瑞曾任江苏巡抚，算得上满族官员中的能吏，他刚刚向北京报告成功扑灭一起兵乱。和无数帝国官吏们一样，瑞澂没有嗅到末世来临的不祥味道。10月10日，大风中武汉三镇迎来一个看似平常的黎明，被捕的3位革命党人经简短审判被立即处决。担心波及自己的一群新军士兵决定立即行动，当晚发起进攻。一场影响深远的革命就这样在一片混乱的枪声里仓促开始。

晚上8点，在武汉忙了7天的张謇登上开往上海的日本商船"襄阳丸"。仲秋之夜，细雨迷蒙。船行江中犹如一片枯叶飘荡空中，武昌城内忽然燃起熊熊火焰。晚上10点，"襄阳丸"起航后乘客回看火势不减。"行二十里，犹见火光"，张謇有点不安地在日记里写到。船越开越远，渺渺而去。张謇并不知道，自己亲眼看见了一场改写中国历史的革命。他身后的那场大火，很快将摧毁一个貌似强大的王朝。

惴惴不安的张謇次日抵达安庆时才知武昌失守，湖广总督瑞澂带着全家逃到兵舰上。湖北战事引起长江中下游诸城一片恐慌，纷拥而至的人们挤满船舱以至于张謇无处可睡，当晚只好在账房里住了一宿。让他吃惊的是几天前宴请自己的湖北谘议局议长汤化龙，已于11日晚公开表态支持革命。时局变化之快，远远超过他的想象。原计划与安徽巡抚朱家宝商谈疏导淮河的张謇立刻改变行程，转而一路加速回到南京。

七

武昌"叛乱"的消息传到帝都,大新闻到来的兴奋刺激着莫理循,他骑着马兴奋地在东交民巷来往高呼:"清朝末日已到"。10月17日,这位著名记者从北京发出一份信函说:"我遇到的任何人,不论是中国人还是中国人的外籍同事,都私下告诉我他们希望革命成功。"无奈受命奔赴前线督战的荫昌,离去时"场面没有一丝热情"。莫理循算了一下,只有5个人跟着喊"皇上万岁"。

大清的华丽盛世自18世纪康雍乾三朝之后风光不再,君权却被推于极致。19世纪内忧外患交迫而来,中国社会如同地缝中的烈火暗流涌动,不时崩出火花。清王朝进入一个漫长的衰败期,虽不时表现出自我调整的韧性,譬如一度闪烁的中兴迹象,1900年后的新政甚至让人看到否极泰来的曙光。可惜改革的步伐和诚意难以满足被舆论和新思想唤起的社会期待。世人亲眼看见改良派与革命党赛跑,前者优势虽多却慢慢落入下风。立宪运动轰轰烈烈、有模有样,却不敌皇族内阁的致命一击。武昌兵变前四川保路运动已搅得全国人心动摇,风雨飘摇之中,两千湖北新军9月被抽调四川弹压。没有人知道武昌城里埋藏着更大的火药桶,一个偶然事件立刻将其引爆。

顺江而下，张謇回宁第一时间便急着拜见两江总督张人骏、江宁将军铁良。不过对派兵支援湖北，张人骏毫无兴趣，只是冷冷地回了一句"我自能保"，气得张謇一边私下骂他"无心肝"，一边飞奔苏州寻求江苏巡抚程德全。他连夜带人以程的名义起草一份《奏请改组内阁宣布立宪疏》，建议清廷速下诏解散皇族内阁，组建新内阁收拾人心。然而，各地独立的速度比张謇的反应更快，革命之火席卷南中国，几个星期清廷便呈土崩瓦解之势。龙旗从各地纷纷降下，至11月10日，14个省宣布独立，而此时武昌起义仅仅过去32天。张謇不得不承认，"共和"已如扬子江之水，难以阻挡。

载沣和张謇对泣几个月后再次"相见"，已是远隔千里的一纸冷峻电文。11月23日，张謇、伍廷芳等人联名电告摄政王。局面至此别无选择，只能"幡然改悟，共赞共和"，枪炮交加之下再谈"君主立宪"已绝不可能。痛惜之情，字里行间隐约可见。此时的张謇，经过一番内心挣扎已决心转向革命阵营，并以实际人力、物力支持江浙联军攻克南京。程德全在张謇等人支持下在苏州宣布独立，成为第一个反正的地方大吏。南通和平光复，除了喊几句"光复大汉""还我河山"，市民生活看上去一切如昨，大生集团机器轰鸣依旧，迎接革命党成立军政府的人正是张謇的三哥张詧。

立宪派领袖倒向"共和"并非简单的政治投机之举，事实上他们与革命者大有殊途同归之处。双方均试图改变皇权专制，只不过一个希望通过地方自治、议会，另一个希望依靠暴力完成民族主义革命。立宪共和与君主立宪，就改变传统政体而言自有交集。辛亥革命在一定程度上可视为三次国会请愿运动和皇族内阁的苦果，深感失望的士绅精英为避免陷入战乱，纷纷主导各省独立，离清廷而去。

不过革命前途未卜，此时规模不大不小的战争仍在继续。"现在时机紧迫，生灵涂炭，非速筹和平解决之计，必至于俱伤。"张謇十分担忧。1911年11月6日，他电报袁世凯劝其尊重现实不要进攻湖北，而应前往北京尽快主导南北和谈。张謇的判断是只有袁世凯才能控制全国乱局。在接下来的和谈中，这一理念始终被他置于核心，这和几个月前两人的一次会面不无关系。1911年6月7日，张謇乘火车沿京汉路北上之际拜访袁世凯，此时距双方上次见面已整整过去28年。会谈持续到深夜12点，张謇回来时含笑登上火车，说了一句"不枉老夫此行也"。朝鲜大显身手后袁世凯得到升迁，驻军留在朝鲜，转而投靠直隶总督李鸿章。1884年，张謇联合吴长庆帐下几位旧人给袁去信"绝交"，直接指责袁的人品，激烈的言辞没有给昔日学生留一点面子。多年以后，时过境迁，袁世凯身居要位，政治立场举足轻重。1904年5月13日，张謇选择放下身段主动联系，劝说袁效法日本伊藤博文成为中国宪政元勋。后者对此积极回应，至少在表面上袁世凯对立宪政治一直热情十足。这段旧情在辛亥年开花结果，而历史也很快显示这次"洹上会晤"的重要性，张的助手刘厚生不无夸张地称之为"决定清廷之命运"。

围观辛亥乱局的舆论界惊奇地发现，南北敌对阵营先后向张謇抛出橄榄枝。1911年11月13日，心事重重的袁世凯返京组织新内阁，名单中农工商大臣张謇赫然在列。张謇"被选拔出来将受到各省的欢迎，因为他被认为是工业发展的开创者"，英国公使朱尔典对此给予肯定。12月25日，圣诞节，流亡海外的基督徒孙中山终于姗姗回国，乘船抵达上海。他很快把一个重要职务授予从未谋面的张謇——实业总长。莫理循评价说，这个总长是"真正的工业先驱。正当盛年，大有前途"。清廷官员恽毓鼎则在日记里感叹，不解张謇这些人为何"叛逆"朝廷投靠新政府，"天子不事而事孙文乎？"

有意思的是，张謇拒绝了北方职位，内心却支持袁世凯。对孙中山没多少好感，却接受临时政府职位。一切迹象表明，他注定要在这个历史转折点扮演不同寻常的角色。

八

1912年1月3日，张謇第一次和孙中山面对面坐下，谈话之后相当失望，这位革命领袖给他的印象实在一般。"不知崖畔"，这就是他对孙的评价。调停南北对张謇来说目的是结束战乱，而非支持孙氏革命。那么谁能操盘全局，在"共和"旗帜下带领国家转入新轨道呢？他认定只有袁世凯可以。

很多人看法与此相似。1910年年末，《泰晤士报》刊文分析中国政局时，已主张召回袁世凯，称他是挽救混乱局面唯一人物。到天津参观时，新修建的马路、工厂、图书馆令张謇印象深刻，直隶自治成就让他由衷感到袁的能力"远在碌碌诸公之上"，手段也绝不限于军事杀伐；对野心勃勃的袁世凯而言，张謇无疑是少数值得信任的中间人，虽然谈判3天前张謇已郑重剪掉了辫子。1911年12月17日，北方代表唐绍仪抵沪，北方代表团入住位于今天南京西路的沧州饭店，唐绍仪则住在戈登路（今江宁路）一处英国商人寓所，两处均离"惜阴堂"千米左右，那里才是决定辛亥革命结局的真正场所。

徐汇区南阳路，惜阴堂旧址仅存一幢3层红砖楼。

它的主人为前张之洞幕僚赵凤昌，直到晚年他仍坚持把代表共和的"五色旗"插在屋中花瓶之中，以纪念共和在此诞生。赵是张謇至交，1904年后者组织编译的《日本宪法义解》正是通过赵送入紫禁城。此时两人再度联手，惜阴堂成为唐绍仪、张謇、汤寿潜和黄兴、汪精卫等人的讨论之所，赵凤昌因此被称为民国"产婆"。不过这一过程实际为赵、张联合操作，后者对南方革命者更具影响力。流亡的革命者深知东南士绅能量，争取到领袖张謇无疑将大增胜利砝码。更重要的是，大生集团实力雄厚，南方军队此时急需财力支持，因此不能不格外重视张謇的意见。就在和谈开始的那个月，通海实业公司还给南京前线民军送去面千袋、布千匹。

不出所料，袁世凯最终胜出，得偿所愿。但南北博弈并不顺利，很大程度上这是惜阴堂内穿针引线和时间熬出的结果。双方在保留核心利益后互退一步，最终于1912年1月中旬达成默契：清帝退位，拥袁世凯为大总统。但退位动议遭到北京宫廷顽强抵制，直到最后时刻清王朝上层仍迟疑不决。互相猜忌的谈判双方再次陷入僵局。此时张謇出手，去信袁世凯暗示前线逼宫可达目的。1月26日，段祺瑞以大清国会办剿抚事宜第一军总统官名义，领衔47位将领电请谕旨，请定共和政体。一周之后北洋军与湖北军政府达成密约：如果清廷2月17

日前不承认共和，南下官军将挥师倒戈。上述行动终于成为压倒清廷的最后一根稻草。

1912年1月23日，梁敦彦代表"大清国大皇帝"在海牙万国禁烟公约上签字，中国皇家名号最后一次出现在重要国际外交场合。这个月的最后几天，袁世凯在京城先后4次拒绝清廷授予的二等爵位，那是李鸿章在死后才获得的殊荣。为避免过分尴尬最后他只好声明暂缓接受。袁心中非常清楚，朝廷的嘉奖无论多么厚重都已无意义。旧王朝即将沉没，自己即将登上权力顶点。

1912年2月12日，宣统三年十二月二十五日。内战数月失去方向的中国终于得到一个温和结果。隆裕太后携6岁皇帝溥仪在养心殿举行最后一次朝见仪式，颁发逊位诏书，帝制中国2132年的历史忽然画上句号。次日上午，首都警察厅把一份逊位诏书供放于天安门外一个牌座上，上面写道："人心所向，天命可知。予亦何忍以一姓之尊荣，拂兆民之好恶。是用外观大势，内审舆情，特率皇帝将统治权公诸全国，定为共和立宪国体……"围观的京城百姓真切地看到一个王朝在这张黄纸上终结，更多的人则通过中外报刊上的诏书感受民国的到来。从这天起，清王朝的年号将不再出现在中国报纸头版。

辛亥革命的结局时常让人想起1688年英国的"光

荣革命",那一次同样没有造成血流成河的惨剧。南方革命军和清朝政府以和谈终止战争,中国转身变为亚洲最早的共和国,这一切却没有付出社会大乱的代价,中国历史上难得一见的妥协精神在此昙花一现,而张謇正是其中一枚难以替代的重要棋子。他虽然久居南通,却一直处于核心权力网络之中,更重要的是张謇能够体会主政者、改革者甚至革命党人面临的困境与矛盾,因而可以设身处地体察各方利益,采取更加务实的行动。状元、企业家和地方议会领袖的多重身份使他成为罕见的政治缓冲人物。这种实干精神和企业家眼光,也可视为立宪改良主义对革命的节制与对冲。

退位诏书行文精彩而不失体面,它是否出自张謇之手素有争议。为政局安定下来松一口气的张謇,却没有感到多么轻松。"此一节大局定矣,来日正难。"2月15日,张謇在日记中写道。他所担心的是革命之后是否还有"二次革命"?1911年11月6日,他给袁世凯的一封信里不无担心地写道:"毋为立宪共和留第二次革命之种子"。

九 尾声

1923年,孙中山在广州对一群国民党党员发表演说,回忆武昌起义后他从巴黎回国,绅商各界和一些老官僚前来欢迎，其中有一人极为郑重地说："好极了，现在革命军起，革命党消灭了"。讲演时他没有点出此人姓名，黄兴长子黄一欧在《辛亥革命杂忆》中回忆说，孙氏所指实为张謇。不管这段回忆是否准确，张謇确是这种论调的支持者。"革命军起，革命党消"，这个著名口号一般认为与章太炎关系更大，1912年张謇给黄兴的信里亦称"统一最要之前提，则章太炎所主张销去党名为第一"。不过"革命党消"这种略带不安的情绪并非来自个别人，实则弥漫于民国初年。不幸的是，共和精神和宪政理想并没有随着皇帝退位而完成，中国却进入一个遍地革命家的年代。国民党首先发起"二次革命"，几年之后，一个新的帝王梦借尸还魂。

"二次革命"平息，张謇感到政治可为，进京出任熊希龄内阁农林工商总长。他再度出山的诉求非常明确，其中之一就是治理淮河。水利大业须靠政府大力支持，在中国尤其如此。从端方到张人骏，此前江苏官员对此有冷有热，但财力均捉襟见肘。1913年，60岁的张謇兼任全国水利局总裁。实际上，自10年前发表《淮河疏通入海议》到1926年去世，他持续与祸害苏北、皖北的淮河斗争。入阁之后，张謇想到了向美国驻华大使芮恩施借款，美国人对改造淮河流域，使之变成中国新的优质农业区抱有兴趣和信心。若不是政局变化太快，这片土地的历史很可能因此被改写。

治水的理想很快被中国政治变化搁浅,正如那个时代诸多现代化蓝图的命运一样,这也许能提醒张謇注意,新生的共和国乃是建立于一片流沙之上。

不过他还是在几年任期内做成不少事,比如认真编写出台20多种法令条例,旨在鼓励和保护民营工商业,可惜所有努力不久都被袁世凯打碎。进入1915年,一心做实事的张謇和一心想做皇帝的袁世凯貌合神离,越走越远。张謇反对国民党再次搞革命,但同样没办法支持袁复辟,只能撤离权力中心。1915年8月20日下午,他乘坐一列特别快车以告假为名匆匆离开北京。当天,支持袁世凯的筹安会发表启事公开支持帝制。这次及时的离开,使老状元避免了目睹旧学生重穿黄袍的难堪。一年之后,只做了83天皇帝梦的袁世凯惊惧而亡。6月6日,张謇在南通得知袁上午10点死去,当天日记里他没有什么责骂,只有几句感慨。

这一年张謇63岁,决心彻底扎根实业和故乡建设,对政治不再抱有幻想。几番沉浮之后,他或许会想起1900年自己给汪康年写的一封信里说的那种理想:"新政殆无大指望,欲合三数同志,从学堂入手,以海滨为基。我侪所能为者止于此"。此后,大生纱厂的生意时好时坏,起起伏伏,一度破产却起死回生。张謇的造城之梦却持续得以推进，教育基因更是自此深入南通人骨髓。这种缓慢的演进，在几代人之后开花结果。

1922年，京沪报刊举办一次民意测验，票选民众心目中"最景仰之人物"，张謇得票名列前茅。4年之后，状元企业家在南通故去。那一年硝烟弥漫，国民革命军从广州誓师北伐，中国从此进入一个战乱不断的时代。

> 名为二十世纪共和国家的主人翁，实为中世纪专制国家老愚民。
>
> ——晏阳初

第七章　村治

一

定州高铁站看起来并不"豪华"，却显示了城市膨胀的雄心。出站要穿过一片乡村才能到达市区，使它看起来更像一座机场。马路正在缝缝补补地修建，坐上6路公交车，高铁拉来的外来者和郊区居民塞满汽车，众人在尘土飞扬中一起进城。

高速铁路正在成为众多中小城市的新引擎，崭新的马路让城市的血液迅速奔涌至荒芜的新区。眼花缭乱的开发区、商务区何时能在新一轮的城市扩张里繁荣起来，尚不可知，但可以肯定的是大片耕地已转变了用途。定州也不例外，公交车窗望出去，沿途沟渠缓慢流淌着混沌不清的水流，无人对这样的发展代价大惊小怪，中国各地似乎大同小异。

污染在旧城南门变得触目惊心起来,我在这里下车,为了一睹本地古老的城楼。虽有心理准备,当我步行几百米转过一个路口远远看到它时,还是感到有些吃惊,因为很少有如此"不设防"的文物建筑。几个摊点杂乱摆放于城楼下,一个百货批发的红色广告甚至醒目地钉在城墙上。在地摊边走一走,满是花花绿绿的书籍,琳琅满目的中小学生考试书充斥其间,余下的则是各种版本的古今"成功学"。

穿过垃圾堆积的护城河,我四处寻找入口,琢磨怎么登上城楼。它修建于明代,为防御外族入侵而筑,城墙周长据称曾经长达13公里,拥有4个题写牌匾的城门。如今"观海""展辰""望恒"都已消失,只留下眼前这个南门"迎泰",它成了旅行者想象古代定州为数不多的线索。

售票处无人值守,正在一旁忙着料理摊点的一个中年男人发现了我,突然变成售票员。给了他5元钱后我得以登城,兼职售票员则去继续守着墙角下的一个现代礼炮,不知它是供人照相,还是等待放炮的游客。城楼上倒有几个游人,以及几块被人损坏的展板,此处的最佳用途是眺望定州全貌。不过四处看去显然风光不佳,眼前污臭的护城河是主要原因,里面塞满被丢弃的垃圾。

城楼上的一处介绍说,齐相管仲春秋时在此筑城,在战国和汉代定州两次被定为中山国都。如此说来,这算得上一处重要古迹,但它看起来几乎被环保和文物部门遗忘。

这是2013年4月4日,清明节。汽车站很冷清,它与一个老火车站毗邻而居,这两个地方在多数城市以混乱著称。几分钟后我登上一辆开往安国的小巴,开往这个邻县的公交车每15分钟发车一次,南来北往的商务人士很多经定州前往那里。从汉朝开始,安国便以药都闻名。车内只有一位年轻人,正在专注地玩着手机。就在我担心是否可以按时发车时汽车缓缓驶出车站,拐上一条杂乱停放摩的、出租和中巴车的马路。不过司机和一位卷发女售票员的工作却刚刚开始,他们探出头去大声吆喝:"安国!安国!⋯⋯"我对"假出发"的套路并不陌生。多年以前,在故乡读高中时几乎每个周末都要经历两次。小巴车在很多城市为私人承包,他们必须在交通管理规则和盈利之间找到生存空间,各种揽客手法因此成为流行多年的马路潜规则。

半小时后小巴被不断上来的乘客坐满,终于拉着一车人在雾霾中向安国正式出发。2013年华北漫长的寒潮,让人无法感受路边乡村的春天气息,这里的空气差得如同200公里之外的北京。大约过了40分钟,透过灰蒙蒙的车窗,"定州晏阳初中学"几个大字出现在一座四五层的水泥楼顶上。很快,女售票员通知我下车,汽车停在一个柏油路和土路交会的小路口。

它叫庞村路口,一直向北就是我的目的地:翟城村。因为米鉴三、米迪刚的米氏家族,那里意外成为中国近代乡村自治的起源地。

不过问题立刻摆在面前,我原想打一个摩的进村,但路口异常冷清,看起来没人做这样的生意。一位路过的老人不无同情地告诉我,这里到翟城还有八九里地。等了一会儿无果,我只好先徒步进入,打算沿途试试运气拦截汽车或拖拉机,不过很快发现这并不容易,几辆驶过的私家车根本不打算理会路人,摩托们则风驰电掣而去。刚刚下过雨的土路让每一个步行者苦不堪言,就在我盘算着究竟还有多远时,运气来了。一个学生模样的孩子骑着一辆电动自行车经过,我示意并说服了他搭我一段,虽然坐在单薄的后座上看上去有点滑稽。可惜他很快到了家,在恭维几句诸如"小小年纪车技不俗"之类的话后,我只好重新徒步走下去。后面的路更加糟糕,灰黑泥浆流淌其中,路人只能靠不断跳跃才能躲开卡车掀起的泥水。有时我甚至想,米鉴三家族百年前在这片土地搞乡村自治时,那时的土路也未必比现在难走。

"翟城"两个大字终于远远在望,它如同一座影壁矗立在路的尽头。走近才发现,这堵墙上还有几行小字,几乎写满了此地全部历史之最和中国乡村建设的各种第一。广义上的自治历史悠久，即使聚焦近代中国，翟城也很难说是开先河者，但就微小的"村治"而言，这些标语说的却大体不差。

辉煌的历史并没有照耀今天的翟城，举目看去，这里与其他村落别无两样，除了路边一所"晏阳初幼儿园"昭示这里与中国乡村建设不同寻常的关系。一个牌坊大门立在村口，写满新的时代口号，堆在村口的垃圾堆散发出难闻气味，提醒回忆历史的人们回到现实。昔日的荣光早已远去，如今这里只是河北一个不通公交车的村庄。

二

村里的主路坑坑洼洼，砖瓦、石子和沙子堆满两侧，不时冒出几个小工地。富裕家庭正忙着盖两层楼房，一个工地的墙上写着巨大标语："合作互助，共同致富"。和中国多数农村一样，即使在一个区区几里范围的翟城村，贫富差距之大，依然可以一眼看出。

主路背后几十米外的一个院落里，80多岁的米庆林过着比较清苦的日子。由于年龄原因，他在很长一段时间负责向外来者讲述米氏家族往事。来访之前，一位村里的负责人向我推荐了他,前者不愿出面,对外来访客多少有点警惕。"乡村自治"近年关注者增多,本地干部对此相当敏感。

路边一位老人对北京来的"记者"格外热情,他领着我拐入路边一个胡同,这里距村口很近,却藏在一隅。"庆林,庆林!"几句方言吆喝无人应答。带路老者干脆熟练地把手伸到栅栏后面直接把门打开。院子里空无一人,米庆林这时从黑乎乎的屋子探出头来,他正一个人烧火弄饭,同行老人上去和他嘀咕着什么,我则坐在院子里一个矮矮的小板凳上等待。过了一会儿,米庆林终于停下手中活计回到院里,他看上去相当硬朗,不过耳朵却不大灵光,基本听不清我问的一些米家先人问题,最后只好请他随意讲讲。

米庆林一边说着一边比画,胳膊有力地挥舞着,让人从中感受到历史给他带来的自豪。那个米氏家族主宰的旧时代距离这间老屋其实只有几百米,如今是一个堆满废旧品的农机站,主要服务对象是拖拉机。我随后到此拜访,径直走了进去。一个负责人不知从何处冒了出来,他对我的到来显然有点惊奇。这里过去是米氏家族宅院,如今旧物荡然无存,据说主要破坏来自日军进村烧的一场大火。这位负责人告诉我,来翟城考察的很少有人到此,他们经常被带领参观隔壁的一个剧场,那里似乎更体面一些。

一个不大的村庄藏着如此开阔的露天剧场,确实少见。如果没有当地人带领,外人很难找到这个剧院。令人惊奇的是一座烈士陵园与剧场毗邻而居,碑亭位于舞台一侧,一个花篮显示不久前刚有人前来祭扫。当地人说,学生们每年会到这里举行祭奠仪式。牺牲者应来自中国共产党军队,因为碑石祭文里写着讨伐"美帝走狗蒋介石"。烈士碑上记录着包括米姓烈士在内的名单,其中职务最高的军官是一位战死石家庄的副团长。

院内荒草丛生,一直蔓延到这座孤零零的墓碑,几把落满尘土的椅子远远地靠在舞台角落。在这个寒冷的春天,一切显得格外萧瑟。不过到了每年春节,剧场会变成村民聚会的热闹场所,外出打工的年轻人从各地回乡,寂寞的村庄里乡音四起,喧闹中多了一些浓浓的温情。除此之外,这个公共场所还能干点什么,就要看村委会了。

多年之前,翟城诞生过一个比"村委会"更大的组织——"村会"。1902年,米鉴三和他的几个儿子发起"自治",其中一个重要规定是每月召开一次"村会"。那时开会是否就在这个剧场,我无从得知。村会以村长为议长,全村划为8个自治区,每区公举区长1人。上述职位均由村民公举,村公所则是自治执行机关,负责本村一切事宜。自治经费虽然名义上由全体村民负担，但因为公产充足，村民在自治中没有多少经济负担。除了一名书记人员，一些职员皆为义务岗位。这种议行合一的构想来自米鉴三之子米迪刚，后者1903年自日本留学归来，自治的部分构想取法日本模范町村，显然与其留学经历有关。

米家在翟城举足轻重，米鉴三的秀才身份一直广受尊重。1900年后晚清新政开启，他致力于发展本地教育，不仅筹办了一个学堂，还担任定州劝学所学董之职。米家为此提供房屋、筹集教育经费，还自办一所女子学塾，中国最早村级女子学校由此在翟城诞生。和中国所有乡绅一样，米鉴三握有乡村真正的影响力。他获得低级功名后乡试不中，此后将人生重心转移到本土教化之上，这本是儒家知识分子的传统责任。米鉴三参与制定了包括《查禁赌博规约》《看守禾稼规约》《保护森林规约》在内的乡约，这是旧式乡村习惯做法。在长久的历史中少有政权直接深入乡村底部，后者事实上常变为一种"乡村共和国"，而乡绅则是这种"沉默的自治"的主导者。庚子之乱后清政府大举新政，自治潮流再起，旧瓶注入新酒，乡村自治被嵌入国家宪政改革图景之中。不过即便如此，它仍有一种自下而上的面相，可视为各地乡绅借助新政而展开的一次传统角色更新，借此巩固自己在乡村的传统利益。

翟城村领风气之先，自治却并非一蹴而就。米鉴三的3个儿子在此过程中扮演了重要角色，特别是长子米迪刚。他们引入西风，推动这个河北普通村庄完成了一次深刻的转身。新式知识人在晚清至民国的乡村自治中作用何等重要，米家一例即能一窥其貌。他们不仅投入最早，并且慢慢形成一套独特理念。1924年，米迪刚、王鸿一等人在北京创办《中华报》，这批华北士绅由此发展成乡村建设运动中著名的"中华报派"，或者说"村治派"。他们着眼于庞大国家机器之下最微小的族群生活。次年，《翟城村志》出版，编写者米迪刚、尹仲材称清末以来"自治"呼声甚高，但清代"除省县而外，下级自治，仅及于乡"，民国之后"仅及于县"，至于一个村庄应该如何自治则语焉不详，而这正是他们所关心的问题。

着眼于村、存心国家，几乎是每一派乡村建设者的终极目标。米迪刚撰写的《中华民国建国方案说略》也被收入此书。"中华民国根本改建问题"正是中华报派宗旨之一，"村治"虽立于农村组织和家族制度之上，但"整理内地旧农村"和"建设边藩新农村"之中自有宏大理想：国家治理的改善。因为只有"农村立国"，才能实现"国治"，改善"民生"。

三

我很想去看一下学者温铁军创办的晏阳初乡村建设学院,虽然那时它已基本结束,如果不是失败的话。不过我被当地人告知,除了几间屋子,那里已无任何东西,村里人甚至连领我去看看的兴趣也没有。

对温铁军行动的质疑一开始就伴随着这所学院。它成立于2003年,充满"后定县实验"色彩,被很多人视为知识分子脱离"群众"的又一次精英自负。学院成立两年后,凤凰卫视以"秀才下乡"为题播出一部纪录片,它的镜头也更加关注温的尝试如何水土不服。当学院此后一度陷入停顿,很多人认为这完全在意料之中。

一直为我领路的老人也姓米,他总是缓缓地走在前面几米之外,他谈了谈自己对学者"失败"的看法:"他说了不该说的话,得罪了有关部门。"这可能并非空穴来风,根据公开报道,外界很少看见本地官员参加乡村学院活动,哪怕是镇一级基层领导。不过更多意见认为学院的失败源自村民缺乏热情,从一开始这种热情就不多。村民们期待自身利益,最好是看得见摸得着的那种,当他们看到学院培育出的西瓜有的比自家种的还小,很多人非常失望。

互助是翟城自治传统内核之一，它的主要目的正是互利。历史上，村民们互助购买农用品、分担经费凿井、共同雇人守护庄稼甚至进行资产管理。一个名叫"因利协社"的团体，负责打理包括村民储蓄存款在内的公共财物，年底结账时将纯利中的大部分作为红利分配。米氏家族主导的自治还创立一系列团体，诸如教育会、勤俭储蓄会。也许是作为一种历史回应，温铁军的乡村学院也组织了几个社团，一度成果不少，比如老年人协会、妇女协会。它们确实吸引了不少人，不久却陆续停了下来。比如读书小组，开始村民很有热情，之后从每晚一读变成每月一读，最后难以为继。

乡村建设学院给翟城带来的最大变化，可能是那段时间一批外地人出入村里，很多人通过温铁军重新勾起对晏阳初、《定县调查》以及早期中国乡村建设的回忆与思考。不过在村里人看来，外来者不少人只是图个热闹，而村民自己多少也有点看热闹的意思。如今城里的学者已经回去，翟城好像什么也没发生，日子又回到从前。不过它早已无法隔断与外面世界的密切联系，眼前就有一些新麻烦。走在村边，一个三轮车正在沿街大声叫卖，我一问才知这是收辣椒的商贩。辣椒是翟城特产，之前大量出口日本。"现在钓鱼岛闹矛盾，不卖给日本了"，一个村民这样告诉我。转向国内市场后，村民们付出的代价是每斤10元降为5元。

米保堂对日本人还有些印象，不过停留在几十年前。比起耳朵失灵的米庆林，有过行伍经验的他精神矍铄，曾是一名八路军通信兵，因战斗负伤转为当地一名教师，这得益于他罕见的高小学历。米保堂很喜欢和我谈话，或许很久没人倾听他的故事了。说起日军和八路在翟城的一次遭遇战，他手舞足蹈，眉飞色舞，几乎变成一个说书人。根据他的说法，正是那次交火，让日军怒气冲冲地焚毁了米鉴三家族的大院。

75岁的米保堂和老伴住在一个昏暗的小屋里，我进来时他们开始误以为是米鉴三后人来访，颇为激动。这个村的很多人得过米家救助。不过这个尚有几百名米姓的村庄里，已无米鉴三嫡系后人，抗战爆发后他们散落包头、北京和海外，很少有人回到故乡。米鉴三一代的传奇只留在恍惚的记忆里。"他们走后曾招本地贫民去包头过日子。"米保堂说。多年以后，故宅不再，尽管往事已被岁月抹平，老人对这位昔日名人仍抱有感情。

直到谈起他和孙女的处境，老人的神情才暗淡下来，坐在一旁床上的老伴含着泪光向我诉说自家遭受的不公：生活如此困难，丈夫的教师身份却没有获得相应的退休待遇，可能他们只是没有势力的"老实人"，因此拿不到这份应得收入。今年春节，在外地上学的孙女回到家，向他们哭诉打工时的痛苦，拿不出钱的奶奶只有垂泪以对。我离开的时候夫妇俩走出屋子相送，一直抱歉说没能留我吃饭。夫妻俩对村里"自治"的历史没什么兴趣，最大的希望是能够把他们的不公遭遇带回北京，"告诉中央领导"。"我会尽力的，尽力。"老人听不出其中的安慰味道，我只能带着一丝撒谎者的愧疚，走回村口那条泥泞的小路。

不知为何，他们的生活让我想起梁漱溟的一段话："我所主张之乡村建设，乃是解决中国的整个问题，非是仅止于乡村问题而已。建设什么？乃是中国社会之新的组织构造（政治经济与其他一切均包括在内），因为中国社会的组织构造已完全崩溃解体，舍重新建立外，实无其他办法。"

四

米氏家族探索乡村的清末最后 10 年，各界精英对地方"自治"抱有史无前例的兴趣，袁世凯治下的直隶更在其中出尽风头。立宪派和革命者理想不同，诉求各异，但对底层民众的兴趣均与日俱增。中国正进入一个新的时代，它很容易让人联想起 19 世纪的俄国，说法语的贵族忽然对农村刮目相看，斯拉夫主义者认为乡村生活在道义上优于西方，民粹主义者则高呼村社平等主义精神。不少俄国贵族1812年后爱上了乡村生活，一些流放的十二月党人甚至努力让自己变为其中一员。

相比之下，中国乡村与城市精英实则隔于两个世界，前者虽然成为后者启蒙的对象，却是被动之举。这并不新鲜，而更像一个漫长传统的延续。中国知识精英对"庶民"和"地方"的漠视自古如此，令人总会强烈感觉到"主流知识分子的学问和地方上的思维不相联系"，王汎森对此反思说，"地方"的空虚之处不仅在统治方面，同时是"地方上的思想、文化、精神、心灵、信仰等层次的内容的空虚、茫然、不安定，或混乱"。如果说戊戌之前启蒙之举主要流通于知识圈，新政启动后明显更多转向底层，城市底层市民和乡村农民成为培养新国民行动的主要对象。以他们为目标的白话报刊纷纷创立，清末10年多达140种以上。出版者五花八门，向民众灌输新的国家、民族意识是他们的主要诉求。不过上述行动本质上却是城市而非乡村的。从租界和海外散布的新话语，接受者集中于城市，更多集中于城市新职业群体，如工商业者和新军，对乡村的影响相当有限。模仿日本的阅讲报活动虽然让普通人与报刊更多接触，但仍以识字人群为基础。不需认字的"讲读"由于需要配备士绅、学生讲解，仍更多在城市展开。在农村，虽有每逢集市（每旬2—3次）的市井茶肆宣讲，却远谈不上普及。这些"启蒙"之举对乡村的影响不能过高估计。正如《东方杂志》1905年一则评论所称，当时中国的国情还是"偏僻省分求一报馆而不可得，以数百万里之地设报馆者不及百之一，数万家之县阅报者不及十之一"。白话报阅读的真正普及要等到1917年文学革命之后，在此之前，乡村与清末知识精英那些激动人心的文字之间仍有相当距离。

　　城市知识精英操作着报刊、议会，这对乡村农民来说无疑相当陌生。加之乡村士绅大量流向城市，令乡村更加捉襟见肘。新的启蒙方式与乡村不仅经常不在一个物理空间，更难以分享共通的语义。城市"舆论空间"用新词讨论着国家、民族"大事"，乡村民众对此陌生而彷徨。因此，"晚清最后十年滚动于文字之中的思想潮流与农村社会更加遥远"（杨国强语）。中国底层民众此时仍忙于"尘俗世界"之中，为日常生活而挣扎，知识人则越来越难以代表乡村"民意"。无论上海这样的大都市有没有出现"事实上的公民社会"，传统乡村结构在辛亥前后并未改变。尽管做了大量宣传，很多下层民众仍将辛亥革命指认为"反清复明"。甚至1912年春，一些北京郊区乡村里的农民还以为国家只是换了个新皇帝袁世凯，根本不知民国为何物。如果说中国农民有什么期待，可能就是减免租税和土地要求，乡村实际上是晚清新政成本的主要承担者。不过农民的不满却无法通过一场城市革命获得解决，正如钱穆所言，中国此后不得不伴随以各种文化革命与社会革命。而这一切，却以农村的更大牺牲为代价。

1908 年，刘师培在《衡报》第 7 号发表《无政府革命与农民革命》，称"中国农民果革命，则无政府革命成矣，故欲行无政府革命，必自农民革命始"。这可能是"农民革命"第一次和一种世界主义革命如此紧密联系。无政府主义作为一种变异的革命思想曾经流行一时，对它抱有兴趣的人包括章炳麟、蔡元培、陈独秀、李大钊甚至周恩来。无政府主义憧憬的大同社会一度作为更高远的理想存在，同时它又是充满世界主义色彩的舶来品。蒲鲁东、克鲁泡特金这些在 21 世纪中国明显边缘化的人物，曾捕获了 20 世纪初一批知识精英的心灵，尤其当无政府主义与底层民众如此紧密地结合起来。五四之后，知识精英更加热情地将目光投向乡村，他们的行动既包括乡村建设实验，也有五花八门的政治动员。在人民共和与党建国家理念之下，新的社会整合或者说一场场社会革命陆续展开。由于国民政府仍将治理重心放在城市，为中国共产党留下了足够的政治动员空间，后者最终取得胜利。"因为他们具备有相当的能力，渗透到了广大农村地区，取代了士绅残余势力，发动农民以中国历史上前所未有的程度参与运动"（斯考切波语）。胜利者由此获得的收益也远超历史上的任何主政者。在此过程中士绅群体却被彻底逐出，他们的影响日微，乡村自治的历史渐成明日黄花。

五

晏阳初是在一份报纸上发现翟城的。

1920年代，知识精英热情饱满，乡村建设热潮方兴未艾，这些行动并非官方主导，每一次都打上明显的个人理想主义色彩，比如晏阳初。1920年前毕业回国后，这位普林斯顿大学历史学硕士抱负很大，他发起成立"中华平民教育促进会"，将行动视野一度扩大到曲阜、南京、长沙和通县。1925年，四处推广平民教育的晏阳初并不顺利，这一年他在北京通县的事业因内战受挫。偶然的一天，《中华报》上《翟城自治规范》引起了他的极大兴趣，因此很快设法拜访米迪刚，后者此时已来到北京，国内战争搅黄了他的故乡建设理想。按照历史学家吴相湘的说法，心灰意冷的米迪刚那段时间"日吸阿芙蓉，不闻问国事"。

这次会面双方立刻发现了共同兴趣，并促成晏阳初几年后前往定县。按照晏的计划，10到30年内可以打造出一个全国模范县,基础是民众识字和普及农业科学,这与米迪刚的意见相似。《翟城村志》记录称,"米迪刚云:施之一村易,推行全国,非标本兼治,则末由展开"。翟城自治公所和村长选举早在1915年已相继完成,这受益于袁世凯政府颁布的《地方自治试行条例》和《施行细则》,正是在这个制度的鼓舞下,定县知事孙发绪给翟城村拨来了300元,专门用于建设"自治模范区"。1916年后,定县士绅在米氏经验之上尝试筹办模范县,并获得每年6000银圆的省政府补助。如果不是糟糕的政治乱局,米迪刚的人生本应有更大的辉煌。晏阳初的出现,无疑让他看到了新希望。

"你将会做出一些我梦寐以求的事业来。"米迪刚对晏阳初说。

"我们之所以选择定县的一个特殊原因,是该县有一个名叫米迪刚的有名地方绅士。"晏阳初后来这样说道。1929年,他举家迁居定县,并在这一年写下《有文化的中国农民》一文,大胆勾勒了自己的平民教育蓝图:中国是一个没有城市化,但却有1835个基本单位县的国家,这些县的生活相似,因此"在一个县建立一种生活模式后,通过平民教育,就可以推广到其余1834个县"。

从这时起一直到1937年沦陷,定县人可以随时看到晏阳初的身影。直到今天,当我在市区打听晏阳初故居怎么走时，几乎每一次都能得到正确指引。在当地人看来，到定州市区寻找晏阳初故居比去偏远的翟城正常多了。然而，位于开元寺塔不远的故居还是让我吃了一惊。挂满字画的屋子里，一位女士正忙着看上去和故居毫无关系的事，一幅挂起来的晏阳初照片才让我确定没找错地方。参观者不多，至少我去的这段时间没有发现其他人。外来者数字据称一年不超过千人，可能因为这个原因，故居常处于半开放状态，那天若不是我坚持，后院很可能不让进去。

张永辉看上去年纪不大，精神饱满，却几乎过上了退休状态的日子。他是这里的负责人，除了接待少数参观者，张的主要精力是经营字画。这有非常实际的意义，故居正式名称为晏阳初文化交流中心，但地位尴尬，除了少量文物部门修理资金，几乎没有任何经费支持。张永辉和这里的人只能靠自己设法维持，用一个字画社补贴纪念馆实属迫不得已。在一间挂满字画的院内偏房，张永辉用茶水招待我。"没有其他人愿意来。"当我问他为何到这工作时，他回答说。不过值得欣慰的是，张是一位科班出身的书法研究者，对字画本有兴趣。聊了一会儿，他决定打开一间主屋，让我看一批晏阳初的老照片，这是他们筹了不少钱从美国购买而得。墙上的老照片非常清晰，晏阳初和他的定县事业顿时跳动于眼前，历历在目,好像这一切还去时不远。

"你喜欢做读书人吗?"晏阳初当年喜欢这样问农民,得到的回答总是带着自卑的笑容:"这是不可能的事,种田的粗人哪能识字、做读书人?"不过几年后,种田的"粗人"不仅学会了识字,甚至演起了话剧。1937年4月9日晚,耶鲁大学戏剧系教授丁英和1500多位当地人坐在小凳子上,一起在定县一个广场上观看农民演出的话剧。丁英认为观众们看懂了台上演的是什么,在他看来表演能够把握普遍人性,不过对农民能演这样的戏剧他仍感到惊讶。

它名叫《过渡》,描述一个新来的大学生在渡口建桥而引发的矛盾。剧本中的《造船歌》不久就变成了定县的流行歌曲,男女老幼都会唱上几句。戏剧试验作为"定县乡村建设试验"一部分,直接由熊佛西指导,熊被认为是中国话剧的重要奠基人,今天他的铜像立于上海戏剧学院校园内。晏阳初坚信,戏剧和舞台是影响农民、促进平民教育最有效的工具之一。在中华平民教育促进会计划编辑的301种"平民小丛书"中,戏曲和诗歌各占20种。这个丛书中被列为第一类的是"公民"类,多达50种,这才是晏阳初的根本诉求。不过当他骑着毛驴到村里去时,一开始却刻意避免说到"公民训练",因为在乡村长老们不信任的目光里,这些城里来的先生差不多是一帮传教士。

六

慢慢地,"新民""国民"这样的词出现在定县的各种演讲中。究竟何为"平民教育"?晏阳初批评那些将此混同于贫民教育的看法,而把它与权利平等、享受同等幸福、同为良好公民联系起来。因此教育对象既包括12岁以上的不识字人群,也包括识字但缺乏公民常识者。晏阳初将这一工作称为继续教育,"目的在于灌输程度较高的公民常识"。公民和文艺、生计、卫生,构成晏氏教育四大特征,分别针对愚、穷、弱、私,这四个字是他观察中国农村后总结的核心问题。"名为二十世纪共和国家的主人翁,实为中世纪专制国家老愚民",1927年,晏阳初在《平民教育的宗旨目的和最后的使命》小册子中感叹道。在他看来,如果四万万民众80%不会读或写,"千百万人对自己的国家是专制还是民主一无所知,这样的民众怎么能够形成一种明智的共同意志并真正参与到国家事务的管理中去?"因此人们不难发现,这场识字运动背后的真正诉求是公民教育,那些从定县200多个平民学校结业的人都会得到一个新的称号:"识字公民"。这四个字真是对晏阳初们良苦用心的最佳总结。

不过,"公民训练"无疑还是一个远期目标,外来者第一步要做的是变成乡村一员,帮助农民改善实际生活。这一点晏阳初和他的团队做得不错,比如他们在翟城划拨一块土地,几位领导成员搬到村里实验农业技术。为了改良种鸡、种猪和种羊,毕业于威斯康星大学的陆燮钧博士在整个定州苦苦寻觅"种鸡",几天后当他突然发现一个好品种,便"一个猛冲"去抓它,村民们顿时被这个追着鸡满地跑的洋博士惊得目瞪口呆。

晏阳初们的认真和努力得到了回报。1935年1月,《国闻周报》发表《保定定县之游》,这篇文章的作者周作人如此描述自己的观感:"不唱高调,不谈空论,讲什么道德纲常,对饭还吃不饱的人去说仁义。这是平教会消极方面的一大特色,与积极方面的注重生计同样地值得佩服",他评价这个组织实为"世稀有也"。

当然,批评声音同样不少,比如国民党元老张继。1933年他公开批评说:"定县事业,直不啻一骗人东西"。

中国共产党也派人考察了定县经验,并在20世纪三四十年代发表一些言论给予有限支持。从1949年后迅速展开的批判来看,平民教育组织和他们的方式一度为新政权不容。直到95岁的晏阳初1985年受邀回国,局面才得以改变。现在,位于定州开元寺塔景区内的本地名人展板上,一处文字写道,晏阳初回国后感叹,自己没做到的事业，新中国做到了。

平民教育距离全国性成功并非遥不可及，甚至一度看起来很近。南京国民政府成立后曾下设一个平民教育司，试图将"识字运动"推向全国，并将之列为"训政时期"7项全国运动之首。各地的尝试此起彼伏，甚至有点争先恐后。1924年，到华访问的泰戈尔从徐志摩那里听闻山西乡村建设颇有特色，决定从北京转入太原考察，此行受到阎锡山的热烈欢迎。阎氏早年从日本留学而归，对乡村自治素有兴趣，定县县长孙发绪赴任山西后也带去翟城经验以为参考。阎锡山兴致勃勃地向泰戈尔说起自己的乡村规划："民国六年，锡山兼绾民政，讨论施政之方，以为村者，人民聚集之所也，为政不达诸村，则政仍粉饰；自治不本于村，则治无根蒂。提倡水利、种树、蚕桑、禁烟、天足、剪发等所谓'六政'，其中将村政建设作为施政重点。"实际上，泰戈尔对乡村建设并不陌生，他曾在印度着手类似行动，以解决本国面临的经济、文化衰败。看到国际文豪兴趣浓厚，山西王答应把晋祠附近的一处土地划给他，以为乡村实验。不过几年后中国政局动荡再起，徐志摩只好写信给泰戈尔秘书，遗憾地告诉他太原的那个计划难以进行。

历史驶入苦难的1930年代，中日战争彻底改变了民间社会的正常发育。定县实验的后续梦想被残酷的现实碾压，再无更大可能。晏阳初和米迪刚一样，无法左右不期而遇的厄运，如同多灾多难的祖国一样。不久之后，延安出现了一个新模式，古老传统在共产党的推动下向集体协作转变。尽管延安模式只是一个特例，但德国历史学家奥斯特哈默还是认为，这里让人难免联想到晏阳初的"乡村重建"。实际上，中国共产党领导人毛泽东曾在 1920 年代短暂参与过晏阳初的长沙平民教育行动，并很可能从中得到启发。总之，共产党最后赢得了乡村，进而赢得了整个中国。国民党元老陈立夫对此早有洞察，认识到己方的失败很大程度上源于忽视土地改革，以及以乡村自治为起点的民主建设，那是孙中山曾经提倡却被忽略的东西。

七　尾声

"暧暧远人村，依依墟里烟。"当我离去时，坐在中巴车上目睹两侧飞逝而去的乡村，不由想起香港作家张倩仪女士所说："我们这一辈正站在两个大时代交棒的历史大转折中，就好像目睹新石器时代进入青铜时代一样，我们亲见或亲闻历史的齿轮在动，我们这一代以后的人就只能基于文字去体会推测了。"这种变迁所带来的裂变有目共见，令人感慨良多。其中最触动人心的莫过于今天的乡村多为老人、幼童留守，家庭的温情也许不会因距离而改变，不过它却不断制造新的不安与忧伤。我们正在告别一个与自然为伍的生活方式，而且可能是最后一个。

"中国今后的希望，不在城市，而在乡村"，1931年，晏阳初这样判断说。这样的信心如今在很多人看来，只是一种一厢情愿的历史情绪。古典农业社会在几千年历史跨度中被发挥到一种极致，以至于农人性格被认为渗透到中国集体性格之中：勤劳、质朴、内敛，不无保守又有那么点狡黠。乡土中国和那里的熟人社会，虽没有儒家知识分子描述的那么美好，也没有克鲁泡特金《互助论》中说的那么温暖，甚至还有不少胡适所认为的那种以社会为敌的家族个人主义，不过这并不意味着它可以被随意改造和埋葬。今天，中国的村庄以每天七八十个的速度消失，突变为面貌奇怪的"小城市"。当人们回眸凝视自己先人的乡村生活时，究竟看到了什么？我想起学者刘东的一句话：任何人都不会仅仅因为生为"中国人"，就足以确保获得对于"中国"的足够了解。

2013年4月，当我离开定州时，想让晏阳初故居正在练书法的工作人员写几个字给我，他写了一些，却都不大满意。我空手而还，走出晏阳初故居时，发现他开始用毛笔耐心地抄起《金刚经》。

法之盛衰，与政之治忽，实息息相通。

——沈家本

第八章　修补与破坏

一

宁国到湖州只有 140 公里，很难想象公路如此发达的今天坐车过去会如此麻烦。宁国不大，经济在安徽却引人注目，1990 年代它已名列全国"百强县"。价值不菲的私家车随处可见，令人印象深刻，此外就是轰轰烈烈的楼房建设工地。和中国大多数急于壮大的中小城市一样，宁国的雄心大体相似，崭新的高楼是新的标准和自豪。

汽车站相当简陋，我只能购买一张到广德的车票，然后从那里转车前往湖州。半小时后，一辆破旧的中巴车拉着一群人，慢慢驶入茂密的皖南山林。本地乘客纷纷睡去，只有我对窗外久违的江南保持兴趣。这是 2012 年 7 月，远山如黛，野径横斜，淫雨霏霏之季穿行皖南浙北乡村,仍能伸手触碰古典中国的余韵。竹林深处的徽派建筑,烟雨朦胧中的稻田和蒔弄庄稼的农人,令久居北国的人为之动容。说起来,田园生活和皈依自然可谓久远的文化记忆。中国文人对山水、田园生活格外偏爱,宋代之后,诗人、画家身份通常合二为一,"桃花流水窅然去,别有天地非人间"的恬静成为想象中的理想生活。乡村生活方式在漫长的历史中获得一种稳定结构,顺天地、依四时,守着祖先生活,一直吸引知识精英叶落归根,并使他们在故乡获得更为持久的荣誉和影响。因此,乡村的衰退在现代中国显得格外突出,这也许是古典中国生活方式的最后退潮。

雨季令人昏昏欲睡,我却努力目不转睛,有点贪婪地眺望窗外尚未被开发的乡土。一个多小时后,我转而登上一辆前往湖州的大巴,车里只有五六个人。我打算好好睡一觉打发时间。谁知好景不长,汽车在驶过皖浙省界后突然莫名其妙地停了下来。大巴把我们赶下来塞入一个"小面包"扬长而去,其他几位本地乘客看起来习以为常,"买"走我们的小面司机称他只得了150元。"倒人"的理由听着也算合理:乘客少,这趟路程往返的高速费和油费只会让大巴赔本。这种事对包括我在内的很多人来说其实并不陌生,只是天实在太热,在我的强烈抗议下,"小面包"才很不情愿地把车内空调打开。好在一路狂奔没多久，我们就到达湖州汽车站。

这里远离市中心，几个黑车司机一拥而上，几个正规出租车司机则停在不远处豪放地叫嚷着。我随机跳上一辆公交车，打算在任何一个远离汽车站的地方下来打车去市区。这样的"到达经验"在各地旅行都可以用，它十分有效，可以让人免去糟糕的第一印象，不致败坏旅行心情。蜂拥而来的兜售者似乎总是提醒异乡客，自己已失去熟悉的地缘庇护。说实话，这与在哪一座城市关系不大，中国多数长途汽车站、老火车站都是当地最混乱的地方，比如我居住多年的北京的两大火车站——北京西站和北京站。

因为找不到两元零钱，上车后一时没法投币。我只好问年轻的公交司机该怎么办？他冷冷抛回一句："没零钱，就不要坐啊。"就在我不知所措时，身后一个陌生男子掏出两元零钱，若无其事地走过来替我付了车费，又若无其事地坐了回去。不知为何，他让我忽然想起一个湖州人：陈其美，那位以义气著称的"民国第一豪侠"。而此行我原本计划寻找的湖州人却是沈家本。

沈是中国近代政治史、法律史绕不开的重要角色，他对晚清法律的改造，被视为儒家"仁政"与西方人本主义法学思想的有效结合。当然，对他的评价并非简单，有人认为沈家本的"成绩"被高估了，而另一些人则认为对他的重视仍然不足。

二

高勇年身上散发着典型的江南文人气,好酒而量不大,喝下几杯黄酒他的脸色慢慢变红,话多了起来,开始兴奋地谈沈家本。高对这位湖州先贤的兴趣不仅来自本地情怀,也与职业不无关系。作为当地检察院工作人员,他是沈家本几本传记的作者之一,参与整理的《沈家本全集》已于 2010 年出版。高勇年对来此探访沈家本故迹的人怀有热情。在他看来,很多人已淡忘这位历史人物。

湖州一度以"富人"闹革命闻名,曾是国民党重要的大本营。被称为四大元老之一的湖州人张静江被形象地比喻为国民党早期的"钱袋子"。张氏南浔故居陈列的打给革命者的各式欠条,令人印象深刻。如果将富人与革命联系起来,人们很容易看出这个政党与城市资产者非同一般的亲密关系。如今的国民党,不复壮怀激烈,湖州也走过它最风光的岁月。据《嘉庆一统志》记载,1820 年湖州全府 7 县人口达到 2566137 人,这个数字比 2000 年该市统计人口还多出 1000 多人。嘉庆之后,湖州依旧繁华,鸦片战争中国落败,却令太湖流域江浙蚕区意外受益。生丝贸易从广州转入开埠后的上海，由此极大刺激了湖州经济，很多人从此发家，湖州商帮一时在沪上呼风唤雨，势力非凡。

1840年，第一次鸦片战争硝烟弥漫东南之际，湖州城南编箕巷里沈丙莹迎来了第二个儿子，而立之年的举人兴奋异常，他将这个孩子取名为"沈家本"。

高勇年和倪平方走在前面，我们穿过一片工地前往沈家本纪念馆。漂亮的湖州城里，如今难寻沈家旧宅踪影，除了这座纪念馆。倪平方供职于本地电视台，对湖州历史兴趣颇浓。不过沈家本的其他旧迹他也知之不多。实际上，位于编箕巷的祖居和中进士后购买的甘棠桥故居已不复存在，早已消失于宽阔马路和大片楼房之中。正在建设中的纪念馆位于衣裳街大摆渡口，此地并非沈家本旧居，原属本地一名周姓乡绅，不过据称房主与沈家算得上沾亲带故。

衣裳街喧闹异常，工人遍布其中，热火朝天的改造之后，这个文化古街将换上崭新面貌。纪念馆坐落水边，苕、霅二水在此交汇，视野顿时因之开阔。几个工人不无奇怪地打量突然而至的外人，馆内正在装修，一片狼藉，据说几个月后这里就要对外开放，我对进度表示怀疑，一位工人则肯定地回答说："领导要求什么时候竣工，就可以什么时候竣工。"按照文献撰写者构想，纪念馆和河水之间设有一面照壁墙,背书四个大字:"法平如水"。我去的时候照壁已矗立水边,几个字却没有出现,它们能否被采用据说前途未卜。我很喜欢这句"法平如水",它散发着现代精神而不失古雅之风,如同沈家本新旧杂糅的事业。沈被称为中国现代法制奠基人,却无意中成为中华法传的掘墓人,这很大程度上是因为他担任修订法律大臣之故,这项工作完成于他的另一处故居,北京金井胡同 1 号。

"背郭环流,杂莳花药",《顺天府志》如此描述"上斜街"一带的风光,这里曾经有水有闸,似有南方风貌。沈家本对这片地区并不陌生,父亲沈丙莹曾任职刑部,宣南是他童年旧地。从上斜街拐入金井胡同,沈家本故居即在眼前。这处房屋曾为吴兴会馆,人们多以其中的藏书楼——"枕碧楼"称之,它的藏书超过 50000 卷。沈家本酷爱读书,据称客居长沙时借书即达 3000 卷。2018 年 8 月,经过两年多修复,焕然一新的金井胡同 1 号正式对外开放,三进院落旧貌换新颜。这个法学家故居的腾退过程也是一个复杂的法律运作结果,最高法院几乎全程参与,最终以《文物保护法》《物权法》《合同法》等法律终结其杂乱的居住功能。

新院子里油漆味尚存,最古老的东西是角落里一棵百年石榴树,每年仍在开花结果,我来的那天石榴正红,硕果满枝。今天的人们可在树下凭吊历史，想象来往院中的不凡人物，他们包括陈宝琛、杨度、袁世凯、段祺瑞、徐世昌、王宠惠、伍廷芳，也有冈田朝太郎、松冈正义，后二者正是协助沈家本改造旧法的日本学者。除了沈氏生平，"清末修律"是新故居另一项主要展示内容。

搬入"枕碧楼"，沈家本正为修律而来。1902年，袁世凯、张之洞、刘坤一联名举荐他为"修律大臣"，"以律鸣于时"的沈家本终于在政治生涯平淡多年之后扮演晚清新政重要角色，尽管此时他已经62岁。沈家本仕途一直不顺，虽然开局良好。1865年，25岁的他乡试中举，此后近20年三科会试不第，直到1883年才获进士。不过官运依然不佳，人生持续低迷。不擅官场之道的性格致使10次京察未获升迁，刑部司员之路竟持续到1893年。这一年，53岁的沈家本终于升任天津太守，4年后再任保定知府。可先后迎接他的却是甲午战争和一场义和团运动，而天津和河北恰是那几年乱世之中的重灾区。

1900年，官运稍有好转的沈家本调任山西按察使，不料尚未成行却差点死于八国联军之手。这年夏秋之间，联军报复之旅南下占领直隶总督府所在地保定，因城中法国教堂曾经爆发"北关教案"，没来得及调离的沈家本被联军扣押，结果署理直隶总督廷雍被处死，因证据不足他才逃过一劫。刑部尚书赵舒翘不久被赐死，赵官品较好且并非义和团鼓吹者,却落得惨死而终:"初饮金,更饮以鸩,久之乃绝,其妻仰药以殉。"沈家本多年履职刑部,赵的遭遇和保定目睹同僚之死,让庚子年成为他一生中少有的惊心动魄时刻。

"西太后是西方文明的敌人。在致贵国公使的备忘录里,我报告说,我们的光绪皇帝渴望采用可行的西方文明原则。"1900年11月14日,康有为向外国政界领袖发出一份求助信,恳求乘机帮助恢复光绪皇位。在他看来,一旦开明人士掌握中国未来,国家古老的文化和西方文明结合就能起来。他的计划毫无可能,不过光绪虽未能重掌权力,中国统治者却再也不能在面对世界时假装背过身去,包括慈禧在内。维新人士的一些改革构想很快由一批体制内精英加以操作,沈家本便是其中一位。庚子年的死里逃生和眼见耳闻,无疑影响了他此后的"变法"生涯。实际上,新政开始后,修律的诉求首先即着眼于如何和西人"文明"交涉,被联军打得差点垮台的清王朝不敢再行封闭之策。"现在通商交涉事益繁多,著派沈家本、伍廷芳将现行的一切律例,按照交涉情形,参酌各国法律,悉心考订,妥为拟议,务期中外通行,有裨治理。"1902年,清廷这道上谕彻底将沈家本送至历史舞台中央,他的人生迎来辉煌而艰巨的10年。

三

　　站在重修一新的"枕碧楼"门前，人们或能体会"修旧如旧"的困难。沈家本一直是刑部最精通刑律的官员，他如此专心认真，甚至还编过一本《历代刑法考》。不过在传统地基上建造新的法律大厦，却并非易事，而且注定充满矛盾。比如究竟该如何对待"人"？旗人、奴婢这些过去政治境遇相差甚远者，如何变为法律面前平等的"公民"？

　　"改革其政治，保安其人民"，沈家本的修法理念看起来相当稳妥，并无大跃进之意。然而碰到上述问题他还是更多选择了与新世界接轨，而非回到过去。比如汉人、旗人"一体同科"，旗人犯罪不再享有法律特权，废除买卖人口和奴婢制度。这些主张是他大量接触西方法律的结果，也离不开日本顾问的帮助，他们包括先后来华的冈田朝太郎、松冈义正、志田钾太郎、小河滋次郎。沈家本另将一批优秀海外留学生收入帐下，并为此筹办首个中央官办法律学校——京师法律学堂，一些日本专家则成为学堂教习。明治之后日本汲取欧洲法律精华，"不数十年，遂为强国"的事实刺激着中国法律改革。沈家本、伍廷芳率领团队加紧"变法"，他们修订的《大清民律草案》《刑事民事诉讼法》《破产法》《钦定大清商律》等多部新法、草案,皆为开创之作。其中最引人注目者当属《大清新刑律》,凌迟、枭首、戮尸3项酷刑被从中制度性剔除,现代文明的光芒由此生发。不过围绕这个新刑法,爆发了一场著名的"礼法之争"。

礼教派精神领袖正是推荐沈家本修律的张之洞,因为主张把律师制度和陪审制度加入《刑事民事诉讼法》,1906年后沈家本已明显遭到张的反对。礼教派冲在前面的另一位代表人物是劳乃宣,他扛起大旗,直接上阵对垒。双方争论围绕"礼教"展开,它看起来虚无,实则无所不在。沈家本修律团队推出的刑法新法条被指违反传统礼法精神。双方交锋焦点集中体现在如下几条:"子孙违反教令","无夫妇女犯奸",以及子孙对长辈的侵害是否适用正当防卫。值得注意的是,新刑律草案引起的论争已不局限于清廷内部,而是变为社会热点。双方在资政院展开辩论,并付诸投票表决。舆论对此抱有浓厚兴趣,北方重要报纸《国闻报》公开报道称,沈家本与劳乃宣"意见大忤"。

法理派认为道德、教化应该与入刑分开,如国际惯例那样。强烈不满的礼教派人士则指责此举违背"因伦制礼,因礼制刑"。说到这种中国立法思想,人们可以从《论语》"礼乐不兴,则刑罚不中"一句体会其古老传统。因此沈家本等人被斥为蔑弃礼教,并非道德谴责那么简单,"礼法之争"的焦点很快升级,从技术问题转向传统家族制度讨论。此时,修律者得到杨度的有力支持,后者1907年日本归来后担任宪政编查馆提调兼颐和园皇族宪法讲师,他支持引入新的法律精神,尽管着眼点与沈家本不尽相同。杨度希望借此打击礼法派的家族主义,进而弘扬国家主义精神,如此才能变"四万万人"为"四万万国民"。不过劳乃宣并非等闲之辈,他的反击异常猛烈,声称中国与重视平等的外国无法相提并论。"法律何自生乎?生于政体;政体何自生乎?生于礼教;礼教何自生乎?生于风俗;风俗何自生乎?生于生计。"按照这个逻辑,劳乃宣认定男耕女织、同操一业的中国国情决定了听命于父兄的"家法",而礼教政体则"皆自家法而生"。

礼法派并非顽冥不化的老古董,他们的行动更像一种文化保守主义的抗议,持论并非没有可取之处。但这场争论并非简单的"理论"冲突。清末法律改革虽立于宪政旗帜之下,却脱离不了"政治正确"的拷问。法理派面对的不仅是语言辩论,还有政治恫吓。他们轻则被指"阳奉朝廷尊崇礼教之旨,而阴破纲常自行其是"(刘廷琛语),重则被扣上与革命党勾结的帽子。因此"礼法之争"之始,其实胜负已分,它直接导致《大清新刑律》

七易其稿，新法虽于1911年1月最终颁布，沈家本却被迫辞去修订法律大臣和资政院副总裁之职。礼教派获得了表面上的胜利，在包括"无夫奸"在内的几个焦点问题上，旧法原则被重新搬回法典。不过最后的结局算得上一场妥协，新旧双方实则各有收获。法理派表面上退让颇多，"中华法系"根基却不复昔日之雄，比如沿用两千年的"五刑"（笞、杖、徒、流、死）被废除，修律成果不可谓不大。

更为深远的影响发生在法条之外，无论清廷最高统治层如何留恋传统法理，新律已不可能再回到中华法系之内。人治转入法治的大门一旦开启，天平必然慢慢向民众倾斜。这一点开始时难以为统治者觉察，不过他们很快就发现，命令式管制行为在法律框架下变得东支西绌、力不从心。此外，司法独立此时虽尚无可能，但各级审批厅的介入让检查权与审判权分离，相关程序法的出台也更多有利于被审判者。加之谘议局和行政部门利益、分工处于分化组合之中，不同政治理念和势力诉求时有冲突，清末政治治理路径正在发生深刻转变，而这一切均可用传统"命令"体系转向法制路径来加以解释。法律让只有利于指令发布者的局面悄然改变，正如哈耶克所言："法律与命令这两个概念间的重要差别还在于这样一个事实：就应当采取何种特定行动的决定的渊源而言，从命令到法律的演化，实际上就是渐渐从命令或法律的颁发者向行动者的演化。"

劳乃宣等人关于沈家本"西化"的指责，并非毫无根据。不过沈的努力在于融合中西而非简单西化。人们更不能忘记，他接受的乃是帝王修律之命。沈家本权威研究者李贵连称，这位清帝国修律大臣"主要从救国救亡角度接受西方法治，认为舍此不能救国强国"。"这是20世纪初年法律改革者追求西方法治的死穴。"

四

传说中妙西镇是块风水宝地。清代第101个状元陆润庠把自己的墓地选在此处。我登上对面一个高处，遥遥望去，只见它坐落于青山秀水之间，风景确实别开生面。不过状元选择风水奥义何在，恐非今人能够理解。

相比之下，沈家本的墓地就不太"讲究"了，如果不注意杼山山脚处一个铭牌，往来者多半会擦肩而过。这里并非沈家本原葬之地，妙西渡善桥原墓毁于"文化大革命"，重修时遗骨迁入此处。1913年6月9日，73岁的沈家本辞世于金井胡同，一片哀悼声中袁世凯提笔盖棺定论："法学匡时为国重，高名垂后以书传"，如今这句话被刻在墓的两侧，祭拜者需登上163级台阶才能在一个小山顶上看到它。这座古朴的墓地1995年完成时没有正式通道,沈家本曾孙、中国政法大学沈厚铎教授凭吊时只能和高勇年等人穿过灌木爬上去。眼前的上山道修建于2003年,163级台阶寓意沈家本1840年出生至2003年的163年。

去世次年,沈家本的灵柩从北京护送归乡,1914年葬于渡善桥。坟墓于"文化大革命"中遭毁,袁世凯题词的石柱因"实用价值"被用于一处闸门两侧,重修时被再次吊出。沈家本对袁世凯印象不错。1912年7月,新政府派湖州人胡惟德到访,邀请枕碧楼主人出任新司法总长。"余婉谢之,久病未愈,实难再出应世事",沈以身体为由婉拒,最后他被聘为最高法律顾问。事实上,后者一生的最高职务正是就任袁复出后的内阁司法大臣,年过70的沈家本也因此目睹了帝国最后一幕。1912年2月12日上午,他出现在乾清宫退位仪式上,10位国务大臣参与署名退位诏书,沈家本名列其中。此时,他的昔日修律搭档伍廷芳担任南方军政府和谈代表,变成民国重要缔造者。沈对共和并不反对,虽然他对孙中山颇有看法。实际上,自戊戌变法起他对革新者一直充满同情。"君于宣统三年冬为法部大臣,赞成共和。民国成立,为法部正首领,旋引退。"1913年,民国司法部为刚刚故去的沈家本立碑,这几句评价大体中肯。

从墓地下山时，我才注意台阶上满是野草和青苔，需加着小心免得滑倒。曲折而隐蔽的小道似乎成了一种隐喻，让人体会近代法治的坎坷。向远处看去，现代生活重回眼前。几百米外铺有一条繁忙的铁路，一列火车裹挟着巨大的噪音轰然而来，向前疾驰而去，瞬间不见踪迹。

《大清新刑律》还没来得及正式实施，大清国已轰然倒下。袁氏当国和后续北洋时代，新法的精神得以承继，它引入的"罪刑法定主义"成为中国刑法的基本立法原则。至于"司法独立"，小心翼翼的沈家本生前虽无法目睹多少成果，却找了一个不错的切口，那就是文明的法治可以扭转各国在华领事裁判权，这也是法理派支持者资政院辩论时抛出的重要说法。沈家本以日本为例，称"日本开港之初，各国领事俱有裁判之权，逮维新以来，政府日孜孜于裁判统一，不数十年，卒使侨民服从其法律之下。论者谓国力之骤张，基于立宪，其实司法独立隐收其效"。不过这种理想注定前路漫漫，道阻且长。沈氏身后百年，法治之路遭遇难以想象的困难。"法之盛衰，与政之治忽，实息息相通"，说这句话时沈家本可能不会想到，他多少预言了日后"法治"的命运，它与政治制度、社会生活一样变化多端，起伏不定。

上溯历史，沈氏故乡浙江多遭人治之灾。江南曾是清朝入关后中国抵抗运动最为持久的地区,清王朝治下著名文字狱当事人以浙人居多,厌恶浙人的雍正甚至单设浙江"观风整俗使"一职,仅雍正一代就有汪景祺、查嗣庭等大案。湖州南浔更是清代第一起大型文字狱庄廷鑨"明史案"的发生地,因使用南明年号和被指攻击统治者,庄被开棺戮尸,被杀者达72人、充军者数百。

法律制度是"天下之法",而非"一家之法"。浙江人黄宗羲对人治的批判堪称深刻,他将传统中国描述为"有治人无治法",它理应向"有治法而后有治人"转变。沈家本看过《明夷待访录》,1865年所撰《借书记》显示,黄宗羲这本书和他曾有交集。人们很难揣测沈家本会如何理解黄的思想,不过他确实客观上推动着老大帝国脱离"人治"的历史泥沼。"修律"不仅瓦解了重刑主义、礼法合一、实体与程序法不分的旧法统,亦奠定了诸多新法律原则,包括保护私权。"保护私权实关重要,东西各国法制虽殊,然于人民私权秩序维持至周"。1910年,70岁的沈家本在《大清民事诉讼律草案》奏疏中这样写道。

仔细想来,理性与调和精神可谓清末民初一代知识精英的显著思想特征。"不矜才不使气",沈家本在乡试中曾获如此荐批,他似乎很好地将这种精神融于法律改革之中。沈的气质或许拜故乡湖州所赐,嘉湖地区自嘉兴、湖州分离后,后者经济略显迟缓。这里虽为底蕴深厚的江南名城,"实力"在长江三角洲诸市却排名靠后。站在太湖岸边看过去,对岸的苏州已成长为一个庞然大物。湖笔的故乡正发动新的雄心,奋起直追。时隔数年当我再次来到湖州,目睹新地标拔地而起,那是太湖边上一个椭圆形"七星"豪华酒店。不过里弄小巷里,仍能找到心平气和的湖州文气。

"可怜破碎旧山河,对此茫茫百感多。"1913年初,感到来日不多的沈家本在病榻写下这首《梦中作》,如今它被挂在整修一新的北京故居内。百年已去,如白驹过隙,忽然而已。2013年适逢沈家本逝世100年,那年离开湖州时我问当地学者是否会组织一些纪念活动?他坦率地告诉我说会有,但找赞助商很难。这让我想起第一次去沈家本纪念馆时,发现屋旁一棵叫不上名字的树,坐在树下的一位老太太告诉我,那是一棵很老的无花果。看着崭新的纪念馆和这棵老树,外来者难免会产生一种奇妙的感受。

五

1911年11月3日下午,陈其美带队进攻江南制造局的那场战斗打得非常激烈。他试图不战而屈人之兵,结果被对方守军突然出手俘获。加入营救他的人五花八门,甚至包括一批来自梨园的敢死队。一天之后上海宣告光复,陈其美被发现关在厕所旁的一个小房间,"只见他手足戴着镣铐,坐在一张条凳上,头紧靠着板壁,默然不动。一看,原来他的发辫从新凿的洞孔拉出房外,房外梁上挂着一个铁钩,发辫就紧紧缚在上面,所以他一动也不能动。同志们给他打开镣铐,放下发辫。他已经手足麻木,不能走路"。一位目击者描述说。

两天后杭州、苏州相继独立,陈其美则力压上海临时总司令李燮和出任上海都督。不过好景不长,不少人指责他大搞湖州帮,花天酒地不理政务。次年7月底,因政局变化陈其美被迫辞职,不过他依然在上海滩举足轻重。除了革命势力,陈背后还有不容小觑的湖州、宁波商人集团与上海帮会。

白地街五昌里,湖州繁华之地,这里商店琳琅满目,建筑依稀江南。一尊塑像傲然立于陈其美故居门前,他一身戎装,目视前方,令人肃然起敬。人们从这位器宇不凡的年轻人身边走过,推门而入,一股革命时代的血雨腥风扑面而来。我去的那天这里正举办辛亥革命主题展。2011年时值辛亥百年,不过在很多地方,纪念活动弄得虎头蛇尾,最后草草收场。

1878年出生于湖州的陈其美,一度籍籍无名。他去桐乡干过当铺,在上海做过丝栈会计,若非胞弟留学归来军中任职，他几乎没机会去日本闯世界。不过这些坎坷生活被他后来神奇地提炼为一种江湖气概，竟能驰骋上海呼风唤雨。

人生转折发生在1906年，面对邹容新落成的墓碑，雨中听了蔡元培演讲的陈其美戏剧性地下定决心，几天后踏上赴日留学之旅。从地域背景看，他理应属于革命阵营光复会一脉，但陈其美却和孙中山走得更近。他留学的警监学校和东斌学堂，创办者虽是日本人，实为孙中山资助。喜欢激进路线的陈其美与孙中山意气相投，加入同盟会后成为其坚定追随者。正是在陈的引荐下，蒋介石与孙中山初次见面。

结盟帮会一直是陈其美兴趣所在，帮会弟兄很快成为其手里的革命资本，日本归来他摇身变为一名青帮大字辈头目，支持者遍布商界、学界和帮会。"上海的戏院里，茶馆、澡堂里，酒楼、妓院里，无论哪个角落里都有他的党羽。"那时江浙同盟会异常低迷，几近瓦解。自秋瑾、徐锡麟牺牲后华东革命者情绪低迷，因此陈其美在上海显得异常活跃。1911年7月同盟会中部总会成立时他名列5位领导之一，这个以宋教仁为首的组织与同盟会总部若即若离，自成一家。武昌起义不久爆发，与此大有关系。

1911年，陈的公开身份是《民立报》外勤记者。进攻江南制造局被俘后，对方因此要求《民立报》报馆为他开具担保。这年春天，《民立报》因为大胆报道广州起义影响力大增，报纸一度日销超过两万份。陈其美曾以上海新闻记者名义赴粤采访，协助料理黄花岗后事。他算不上真正的记者，却对报纸兴趣不小。《民立报》之前，陈参与筹办过汉口《大陆日报》，以及沪上《中国公报》和《民声丛报》。上海光复之役，《民立报》毫不吝啬地赞美这位"本报记者"，称他"最为出力，经营惨淡，出入险地，力任劳瘁，众士归心"（1911年11月7日）。

1912年后民国政治并不乐观，南方革命者与袁世凯，以及革命者之间的暗斗，把中国政局搅成一团乱麻。陈其美一度以为破坏主义可以暂停，去信告诫侄儿陈果夫欲救中国，建设和学问"非急起直追不可"，"为一身，为国家，皆非学问不可"。可惜树欲静而风不止，他很快再次走上熟悉的喋血之路，直至自己遇刺身亡。不过在此之前陈其美先卷入了另一起著名刺杀案——"宋案"，并因此饱受攻击。

1913年3月20日晚，宋教仁遇刺于上海沪宁火车站，成为中国为宪法而牺牲的第一人。遇害前宋已得到警告，不过他自信地告诉记者徐血儿："光天化日之政客竞争，岂容有此种卑劣残忍之手段，吾意异党及官僚中人，未必有此，此特谣言耳。且即使非谣，吾岂以此懈吾责任心哉！"孰料刺杀很快到来，民初政局因此被忽然改写。很快有人怀疑是陈其美策划刺杀了这位前同事。一个重要理由是他和"宋案"凶手应桂馨、武士英皆有共进会背景，且关系非同一般。共进会成员多为失意帮会人士，他们曾携手参与革命却被国民党抛弃和打压，沦为一股暗流涌动的不确定政治势力。"宋案"发生几天后《亚细亚日报》开始指称此事系国民党内讧，将矛头直指陈其美，《国报》等群起攻之，怀疑他的人还包括梁启超等人，同盟会"自屠"之说一时广为流传。反对这一说法的学者则认为，陈其美刺宋说源自反对国民党的北方报刊，明显带有政府操纵之迹，试图以此转移袁世凯集团刺杀阴谋。不过无论陈其美如何否定，他和袁世凯此后一直难以摆脱幕后黑手的指控。到了1920年，袁世凯之子袁克文在《晶报》连载《辛丙秘苑》，再次将陈指为主谋，而此时他已经去世，百口莫辩。

扑朔迷离的"宋案"日后常说常新，陈其美是否卷入其中争议难平。毕竟在很多人眼里陈暗杀成性，不仅江浙联军参谋长陶骏葆遇刺公认与他有关，光复会领袖陶成章1912年被杀，马叙伦、黄炎培等人亦指陈其美下令蒋介石所为。此事蒋并不否认，却自任责任。理由是陶成章欲杀陈其美，他决定先下手为强。"欲置英士于死地，余闻之甚骇，且怨陶之丧心病狂，已无救药，若不除之，无以保革命之精神，而全当时之大局也。"蒋在日记中说。

　　帝制转入民国，无数年轻人为之血脉偾张。民初数年，南北空气中无时不飘荡着新血的味道，意气风发的陈其美不久也倒在血泊之中，习惯以暗杀解决问题者亦以被暗杀收场。

六

　　1916年5月18日，38岁的陈其美身中3枪，死于上海法租界萨坡赛路14号寓所。刺杀指令来自袁世凯，后者对这位革命"顽固派"衔恨已久。"二次革命"爆发时袁下令通缉黄兴、陈其美，前者悬赏10万元，后者价格5万元。

　　"霸气江东久零落，英雄事业自堂堂"，于右任再次哀悼旧友，写下《哀社之友》。3年之前，《民立报》前主笔宋教仁的出殡队伍特意暂停报馆，《民立报》同仁特设香案路祭，馆主于右任"匍匐于地，泣不可抑"。自1910年10月《民立报》创刊以来，这位知名报人数年内目睹杨笃生、宋教仁、徐血儿、陈其美等报馆同仁意外死亡。于右任曾将《民立报》比作"晚节黄花"，希望它能够经受风霜，不复此前《民呼报》《民吁报》那样短寿。不料此番"短寿"的不是报纸,竟是报人。这个小群体挥之不去的死亡魔咒,可谓民初中国政治的惨痛注脚。

政治高压气氛中,只有"义弟"蒋介石冒险为陈其美安葬和撰写祭文。这次变故对蒋震动颇大,后者自此下决心,"立志要提高自己的道德修养,提高自己的人品,立学立志,来继续陈其美的革命事业。他从陈其美去世后,有了改邪向善、立志修身的念头,每天静坐反思,按儒学要求自己"(杨天石语)。"君子何厉,天实仇之",两天后孙中山给黄兴去信哀叹。一个月前,孙曾发电询问陈其美近情,希望他能"统筹全局"。不过此时革命环境已非辛亥可比,柳亚子回忆说,陈其美生前"上海舆论颇攻击之"。

袁世凯不久身故,革命党人得以在上海法租界举行公祭,陈其美的哀荣更在一年之后。经孙中山提议,1917年上海各界隆重为这位"民国第一豪侠"举行"国葬",孙中山、章太炎、胡汉民诸人参加开吊仪式,吊唁者一度令苏州集议公所附近道路阻塞,跟随复旦公学童子军护持灵车之后者多达上万人,灵柩由上海归葬湖州,一生活在刀光剑影里的陈其美,此时竟是他最辉煌的时刻。

陈其美之墓位于湖州城南一个角落,建于1917年的墓地曾遭"文化大革命"毁坏，今天则郁郁葱葱，犹如公园，一眼望去林木如盖。平常日子这里肃穆冷清，我去的那天更是空无一人，只有几只寄居附近的野狗忽然冲出来狂叫，不久又怯怯地退回角落去。

穿过幽长的甬道拾级而上，行至墓地高处，墓顶的青天白日旗图标赫然在目，在阳光下显得格外突出。从这里向外望去，一座高大的烈士墓碑耸立在不远处，那里埋葬的是人民烈士。同去的高勇年告诉我，小时候学校曾组织他们到这两个地方同时祭扫。陈其美故居和墓地的"待遇"让不少外来者稍感吃惊。作为蒋介石义兄、国民党元老和青帮头目，在他们想象中此人最司空见惯的遭遇是被直接扫到历史角落。实际上，壮年而亡的陈其美没有机会成为共产党对手，台海政治风云变幻、国共两党修好更为他恢复革命先驱的正面形象提供了更大的历史背景。

帮会、暗杀、酒色，陈其美的形象一直复杂而多面，或许这正是其魅力所在。实际上，清末民初革命者，身上多少都流露出两种看似矛盾的气质：书生气和江湖气，陈其美不过尤为典型而已。这种混合气质的背后是混乱的革命手段。清末革命者虽多浸淫新学，目睹新世界文明，但暴力手段的现实之需和对民间力量的洞察，让他们热衷于借力五花八门的民间力量，比如对底层社会深具影响的帮会。后者事实上已演变为准武装组织，很容易被改造为新的"革命力量"。陈其美对此深信不疑，这确实也帮助他纵横捭阖、呼风唤雨。上海都督人选发生争议时，一名帮会成员（另有回忆为伶人）甚至举起一颗手榴弹威胁非陈不可，力推其胜出。"二次革命"后人心涣散，陈坚决拥护孙中山，成为后者忠诚拥趸。中华革命党个人宣誓效忠之举遭黄兴等人反对，这个带有帮会色彩的方式据称主要来自陈其美，后者当时位居总务部部长，仅次于党魁孙中山。

革命与帮会的结合看上去一度颇为成功，至少在辛亥前后看起来如此。不过当这种捆绑试图越过帮会属性，结成真正志同道合者时却遭遇困难。实际上，革命者与帮会融合更大的可能并非扬长避短，而是沾染彼此"习气"。革命者以帮会手段铲除政敌，帮会则以革命名义肆意杀人。因此，人们可以理解为什么李敖称陈其美"实在缺乏人权法治观念"，在那一批革命者中这几乎司空见惯。他们尝到武力之效，相信枪炮和死亡可以更快地改变旧世界，缔造新秩序。宋教仁遇害正是这种时代风向标，在当时的革命者、知识精英阵营里，宋显示了罕见的"建设性"，蔡元培称，"（同盟会）其抱有建设之计划者居少数。抱此计划而毅然以之自任者尤居少数，宋渔父先生其最著也"。宋教仁不仅成功地将同盟会这样的秘密革命组织改组为公开政党,而且迅速转变为一名跨党派政治领袖,就政治家风度和视野而言他确实领时代先风。宋氏31岁早亡对那些憧憬民国政治的人来说是一个不折不扣的噩耗。"夫宋公之死,非宋之不幸,中国之不幸也。"《平民报》如此哀叹。

1911年11月25日,辛亥革命正入佳境,胜利遥遥在望。年轻的邵飘萍在《汉民日报》提醒说:"革命非行乐事,乃不得已而为此剧烈之举动也","此次革命可以强国,亦可以亡国",他在不无愤激的文字里显示出少有的理性,警告说,如果革命者各怀私利,则昔日大厦终将成为一片空基。如果历史可以假设,沈家本没有在1913年去世,他一定会惊讶地看到,就在几年前"法治"的阻力还来自体制内保守力量,转眼之间,抛弃它的却是各种革命新人。

1922年,胡适在《努力周报》批判国民党以秘密结社的道德标准对待"叛徒"陈炯明。面对《民国日报》近一个月的围攻,胡适称中华革命党和新国民党都是政党而带着秘密结社的办法。"在一个公开的政党里,党员为政见上的结合,合则留,不合则散,本是常事。在变态的社会里,政治不曾上轨道,政见上的冲突也许酿成武装的革命,这也是意中的事"。他进而提出质疑,秘密结社仪式究竟是否适宜大规模的政党?秘密结社用来维系党员的法子在现代的社会里是否可以持久？

七　尾声

2014年8月的一天，我第一次去北京"红炉磨坊"，这家面包房位于燕莎商圈麦子店街路口，主人陈泽祯来自台湾，正是陈其美嫡孙。我送了一本书给陈先生，他回赠一些复印资料，内容包括陈其美家族和他本人。陈泽祯曾任台湾《联合报》驻日记者，在自己的圈子里名噪一时。辞职之后，他出人意料地在美国田纳西州开了一个面包房。2002年，他将新店开到北京，产品流行一时，陈也因此被称为"面包老爹"。不过我去的时候面包房却遇到了新麻烦。陈泽祯告诉我，尽管他的面包房食材安全、讲究，却需要应对各种麻烦的"管理"。说到眼前的一次，他差点拍案而起。

让陈泽祯略感欣慰的是找他的人越来越多，包括不少年轻人慕名前往，吸引他们的经常并非面包，而是革命者陈其美和一段更加真实的历史。几年过去了，不知命运坎坷的面包房还有无能力坚持下去。

革命复产革命,殆成为历史上普遍之原则。

——梁启超

第九章　从前的迷梦

一

1911年11月13日,袁世凯复出回到北京。次日,汪康年去世,51岁的前《时务报》总经理死前留下一句评价:"是人可为拿破仑,不能为华盛顿也"。就在几天前,他的老朋友梁启超悄悄登上一艘从日本开往中国的轮船。武昌燃起的"叛乱"硝烟让国内政局忽然面临洗牌,从天而降的历史大事件令梁启超兴奋,临行前他给自己计划了一个宏伟目标:"和袁、慰革、逼满、服汉"。

湖北新军的行动不仅出乎孙中山意料,也非梁启超所能预知,但很快感到此事非同小可。敏锐的时局洞察力一直让他保持准确的历史感,这是梁启超不同凡响的禀赋之一,正如后来梁漱溟称:"任公的特异处,在感应敏速"。中国进入一个充满变数的混沌期,命运多舛的立宪政治可能破灭，也可能获取新的动力乘势而就。梁启超对此保持谨慎乐观。11月9日，他在船上给女儿去信称"北京秩序不破，则吾事大可为也"。

此时梁启超正四处寻找机会，推进一个不流血的内部革命计划。这一年早些时候他甚至神秘地说"九、十月间，将有非常可喜之事"。梁凭借的政治势力来路复杂，包括上层权贵载涛、载洵和少壮派军官吴禄贞，他们诉求各异，但至少表面上均支持立宪。载涛1911年初出任首任"军咨大臣"，实权在握，这位颇具传奇色彩的王爷以京剧票友著称，彼时正与载沣、载泽斗争，欲借立宪之名从后者手中夺政。1910年赴日考察时他曾收到梁启超一份"上书"，载涛深知后者能量。梁是清末"立宪"早期启蒙者，这一地位可以追溯到10年前，正是他首次明确提出"预备立宪"。《清议报》所载《立宪法议》介绍了世界上的3种政体并选择支持其中一种："君主立宪"。另外两种政体在作者看来弊病明显："民主立宪"施政变动太多对国家不利，"君主专制"则容易导致君民尖锐对立。梁启超用自己的理解向中国公众说明"宪法"究竟为何物，话虽不多却切中要害："宪法者何物也？立万世不易之宪典，而一国之人，无论为君主、为官吏、为人民，皆共守之者也，为国家一切法度之根源。"不过那时他以明治宪法20年时间准备为范本，认为中国立宪预备期最快亦需 10 到 15 年。

然而国内政局诡谲变幻，1900 年后新政大张旗鼓，改良派却在与激进者的对抗中落入下风。1910 年后 3 次国会请愿席卷中国，声势浩大，却遭朝廷高压反制。尽管 9 年预备期因此缩至 5 年，但地方士绅人心大失，愤懑的情绪在 1911 年皇族内阁推出后达到顶点。几个月后武昌革命枪声一响，立宪精英立即用脚投票，纷纷倒戈。梁启超则有自己的想法，他筹划发动一场宫廷政变，让载涛当总理后速开国会。

这个计划详细披露于 1911 年 10 月 21 日他给徐勤的一封密信里，其中内容构想周全，甚至想到了政变之后满人改汉姓这样的细节。袁世凯的迅速复出打乱了上述计划，不过 11 月秘密前往东北时梁启超仍有底气。就在他出发一周前，新军第二十镇统制张绍曾和第二混成协协统蓝天蔚发动滦州兵变（10 月 29 日），通电"奏请"解散内阁和年内召开国会。与此同时，驻扎石家庄的第六镇秘密联合山西，计划联合进军北京，领导者正是与梁启超交往过密的吴禄贞。

吴和张绍曾、蓝天蔚被称为日本士官学校"三杰"，倾心革命已久，曾秘密翻印过《警世钟》和《猛回头》这些书籍。吴禄贞尤得梁启超推重，两人相识于 10 年之前，后者以"瑰伟绝特之军人"视之。回国前梁致信吴禄贞，称他为改变国运的非常之才。种种迹象明显，上述军官的逼宫行动正是梁启超"联北军倒政府"计划中的一个环节。滦州兵变发生次日，胆战心惊的清廷急忙抛出《宪法重大信条十九条》，宣布立刻解除党禁，不咎既往。包括梁启超在内的戊戌变法"持不同政见"者，一夜之间恢复合法身份。尽管脱去"罪身"成为大清国的自由人，几天后搭乘"天草丸"的梁启超仍化名"陈用"，这个名字意指封陈之人终到可用之时。

"冷冷黄海风，入夜吹我裳。西指烟九点，见我神明乡。"途经黄海，故国在望，无尽的感慨如海浪滚滚而来，大海之上梁启超唏嘘不已。11月9日抵达大连，当晚任公在太和旅店诗意大发，难掩流亡者归来的兴奋："虎牢天险今谁主，马角生时我却来。"此行很快秘密不再，梁启超到来的消息登上大连、长春的报纸，地方官员对他殷勤有加，不敢怠慢，梁则琢磨着下一步如何前往北京。

接待梁启超的是故友熊希龄，后者早在《湘报》与时务学堂时与他已多有交集，辛亥前几年管理东北工商、财政。不过东三省总督赵尔巽是辛亥革命的坚决反对者，直到清帝退位始终以帝国遗老自居。此时东北局势复杂，梁启超在那里见的人不仅有地方议员、革命党人，甚至还有马贼头目。他出言谨慎，尤其是听说当地军队"欲拥我宣告独立"。接下来的几天风云突变，坏消息不断传来，其中最糟糕的是吴禄贞之死。实际上，梁启超还没下船时，11月7日吴已在石家庄遇刺身亡，后者联手阎锡山进军首都之举就此流产，中国则因此错过一次改写历史的绝佳机会。

著名传教士苏慧廉之女谢福芸旅华游记中，意外记下了她从一个中国官员（翁斌孙）那里听到的消息，为这次变故添加了悲情一幕："吴将军两袖清风，死后家中一贫如洗。吴将军的遗孀，也就是吴太太，在丈夫死后终日以泪洗面。吴将军的这位朋友就把她接到自己家中，予以悉心的照料。但她还是终日悲恸。为了给她换个环境调整情绪，这位朋友便打算把她送往上海调养。当船行驶到黄浦江入口的吴淞时，这个女人从船上纵身一跃，结束了自己的生命。"出师未捷身先死，历史却记住了这位杰出军人。1928年，著名报人徐铸成在石家庄火车站看到一座"烈士铜像"，被纪念者正是吴禄贞。今天，他的墓地位于石家庄长安公园内，铭文头衔即来自那次流产的行动："故燕晋联军大将军绥卿吴公之墓"。

形势急转直下，蓝天蔚不再欢迎梁启超到奉天，张绍曾的兵权亦遭解除。感到风头不对的熊希龄此后几次电告催促梁离开。实际上，熊此时已转向共和，不久奔赴上海。无奈之下梁启超只好匆匆返回日本。乘兴而来，败兴而归，抱着"天若佑中国，我行岂徒然"的他发现国内局面远比之前想的复杂，梁启超没有等来进京左右时局的机会，只在东北待了 4 天。15 年海外流亡生涯的正式终结，只能坐待来年。

二

就在他无奈撤走之际，袁氏内阁名单 11 月 16 日出笼，司法副大臣梁启超名列其中，正大臣为沈家本，一位因主持司法改革而闻名的官员兼法学家。这个名单并非表面文章，袁世凯此时急需一些旗帜人物入阁，以壮声色。入选者可谓一时之选，比如立宪派领袖、江苏议长张謇被他任命为农工商大臣（张拒绝接受）。其中很多人称得上当时中国人心中的栋梁之材，年轻的毛泽东此时心目中的民国政府总统是孙中山，总理康有为，长期流亡海外的梁启超则担任外交部部长。

重归政坛的袁世凯野心勃勃，忙着规划如日中天的新政治生涯。内阁名单出台一周后，他没有忘记致电梁启超，亲自敦请他回国赴任，并盛赞其"抱天下才，负天下望"。袁的热情持续到年底，梁任公出山似乎成为他团结立宪精英的重要象征。当然，权术一流的袁世凯借此"收罗人才，挽回舆论"，"联络华侨，整理财政"，也在情理之中。在东京报纸上看到新内阁名单时，梁启超"且疑且骇",他对此加以拒绝但向袁世凯提议不如在上海这样的地方召开国民会议,让全国人民代表决定国家政体。戊戌变法失败后康、梁对袁世凯无疑没有好感,不过立宪政治展开后后者姿态开明,治下直隶新政成绩斐然。革命党人发难和宫廷政变受挫让梁启超不得不调整心态,与袁合作或许是这场乱局中所剩无几的机会。"吾自信,项城若能与我推心握手,天下事大有可为。"11月26日,他写信给康有为另一名弟子罗瘿公,称如果和袁联手,君主立宪有望成功。巨大的历史转折总是充满诱惑,也难免令人进退失措,梁启超此时忽然显示出过多的自信:"鄙人既确信共和政体为万不可行于中国,始终抱定君主立宪宗旨;欲求此宗旨之实现,端赖项城,然则,鄙人不助项城,更复助谁?"

梁启超确实心有不甘,几个月前他的立宪蓝图还在继续,而且看起来效果不错。6月4日北京成立"宪友会",远在海外的他身居幕后指导,在议员中散发了一份如何管理政党的建议。"宪友会"近似准国会,成员来自原政闻社、预备立宪公会、帝国宪政会、湖北宪政筹备委员会诸团体。这个组织参考的原则正是梁启超撰写的《中国政党之将来》和《政党与政治上之信条》。然而革命不期而至,突然到来,让立宪人士处境尴尬,不过他们迅速采取行动,转守为攻,继而主导各省独立。地方议会领袖们则凭借多年根基，直接变成各地新政府的实际负责人。快速瓦解清廷的最大力量并非军队，而多在于此，因此"辛亥革命，皆以咨议局为发端"之说并非夸张。实际上，几个月前出台的皇族内阁已极大刺激他们，后者的言论抗议除了失望也明显流露倒戈之意。据徐佛苏回忆，第三次请愿失败令代表们失望至极，放言"政府如再不允所请，则吾辈将倡革命矣"，结果他们仍被勒令出京，因而愤怒地转而"公决密谋革命"。立宪派重要喉舌《时报》也发出明确信号："吾敢断言，政府之必不知觉也，则计惟有以强硬从事。"

留给梁启超的机会越来越少，但他仍在努力捕捉政治重组中的新可能，寻找支持自己的力量。他拒绝了11月发出的袁氏内阁任命，却授意盛觉先12月初拜访宋教仁和章太炎，可惜对方对"虚君共和"的冷淡一如既往。盛在上海四处周旋，先后拜会赵凤昌、张謇、熊希龄、瞿鸿禨等人，但没有实质收获。12月底，深为梁启超信任的徐佛苏回国观察时局，他很快发回意见，建议以袁世凯为中枢组党，提醒梁启超准备"北上"。不过让他们想不到的是，复出的袁世凯根本不是君主立宪的救命稻草，他并无捍卫君主制的兴趣和决心，更感兴趣的是乘机攫取最高权力。南北谈判很快达成妥协，共和国呼之欲出，帝制的落幕转眼来到面前。此情此景之下的梁启超，似乎呼应了宋教仁几个月前的冷嘲热讽：康、梁是否回国在中国几乎"无人齿及"，因为他们"与吾国政治上原无何等关系之故也"（《民立报》）。宋自信地判断说，共和议定后"君主立宪的议论迅速消失"。事实看起来也差不多，北京的报纸忙着改变言论立场，只有资政院议员所办《民视报》还坚持君主立宪，不过它的发行量只有区区几百份。

好在这时的梁启超久经风雨，心态平和。十几年的流亡已让他不复逃离时的激愤。

三

刚刚逃离戊戌政变屠刀的梁启超持论激烈，用词凶狠："腹我脂、削我膏、剥我肤、吮吸我血以供满逆党之骄奢淫佚"，明目张胆地抨击清廷高层。那时戊戌六君子尸骨未寒，"中国野蛮地谋杀了他的第一批爱国青年"，东京则接收了北京的变法失败者。《字林西报》因此把中国和它的邻邦做了一个对比。"在日本，这一类青年是被欢迎的，被给予荣誉地位的，因此，愚蠢的急躁行动可以由地位赋予他们的责任而限制。在那个岛国中，他们奔放的热情是有出路的，因而可以变成有利于国家的力量"（1898年10月8日）。正是在这种氛围中梁启超来到日本,成为帝制时代最著名的异议流亡者。

梁很快与激进人士打成一片,革命与改良交织于胸。他和孙中山、陈少白深夜长谈,筹划合并组党。此事因康有为阻挠告吹,可以想象后者对此大为恼火,尤其是当梁启超联合几位同门致函老师,委婉劝其退休自娱时。1902年,梁启超大踏步摆脱康有为的观念。当年10月,他致信老师承认自己赞同"中国以讨满为最适宜之主义",称这是唤起民族主义不得不行的路径:"非有此精神,决不能立国"。民族主义国家听起来不错,却和康有为的想法相去甚远,此前他感兴趣的并非国民,而是大同社会的"天民"。几番内部风波之后,号称"大病危在旦夕"的领袖终于保住了这个改良群体表面的团结和体面,但师徒从此貌合神离。多年之后,当二人1911年在日本再次相见,心情复杂的康有为不由得感叹世事无常,"相见如梦寐"。

1900年后梁启超一度大声疾呼"破坏主义之不可以已","舍革命外无别法"。出游美洲后却转而坚称国人尚不具备民主资格。唐人街混乱无序的生活刺激他重新思考中国之路,中华会馆数十处议事模式给人留下悲观印象,他将之描述为"寡人专制政体"或"暴民专制政体",因此更加反对无政府主义和无限放大人民权力,1903年后开始转向"开明专制"。对此梁启超内心充满矛盾,异常复杂。"共和共和,吾爱汝也,然不如其爱祖国!"他用这句话与此前的自己告别,复杂的心情伴随他度过了随后的 1904 年,那是梁启超人生"最困惑的一年"(张朋园语)。

这一年,身在东瀛的秋瑾目睹了日俄战争如何激发一个"强大国家"运转,亢奋不已。"每到一个停车场,都有男女老幼、奏军乐的、举国旗的迎送。最可羡是那班小孩子,大的大,小的小,都站在路旁,举手的举手,喊万岁的喊万岁,你说看了可爱不可爱?真正令人羡慕死了。不晓得我中国何日才有这一日呢?"(《警告我同胞》)现代国家意识正在快速取代传统伦理,成为清末 10 年知识精英的新"信仰",无论改良者,还是革命者,他们的区别有时仅仅在于如何理解"革命"。

何为革命?在这一年的《新民丛报》上梁启超把"狭义革命"定义为"专以兵力向于中央政府者",称数千年中国只有这种革命。与此相对,"政治上之异动与前此划然成一新时代者"和"社会上一切无形有形之事物所生之大变动"被他描述为广义革命。梁的理想是来一场不推翻政府却能推动社会变革的"广义革命"。换句话说,他想要的是政治革命而非种族革命,这一过程最好由"中等社会"发起。世界历史上西方革命者多来自中等社会,革命因此变得害小利多。梁分析说,中国则完全不同,基本是"有上等下等社会革命,而无中等社会革命",结果动辄令全国陷入灾难。

"中等社会"一说并非梁启超原创,它流行于拒俄运动时期。"中等社会"者可视为职业不同却大体居于相同社会层次的人士,比如20世纪初的新知识阶层包括记者、编辑、近代学堂教师、职业革命家等,因此这个政治启蒙概念所指人群实际是一个复合体(陈旭麓语)。改良主义者热衷"中等社会革命",最大用意是担心群众运动泛滥。1903年10月之后,梁启超身上散发着一种国家主义与自由主义混搭的气质,法国大革命80年的流血代价让他无比警惕。民智未开、民主制度宜缓是清末精英的真实焦虑,他们的心态可用严复的一句话概括:"民之可化,至于无穷,惟不可期之以骤。"1902年5月,黄遵宪给梁启超来信表达如下观感:"明治十二三年时,民权之说极盛,初闻颇惊怪,既而取卢梭、孟德斯鸠之说读之,心志为之一变,以谓太平世必在民主。然无一人可与言也。及游美洲,见其官吏之贪诈,政治之秽浊,工党之横肆,每举总统,则两党力争,大几酿乱,小亦行刺,则又爽然自失。以为文明大国尚且如此,况民智未开者乎?"黄对梁一直影响巨大,据称他去世前为后者定下"避革命之名,行革命之实"之策。梁启超本人则一度公开声称"保皇为名,革命为实",不过这个说法遭到革命党人的嘲讽。

来一场不流血的政治、社会改变并非易事。革命人士同样提倡"中等社会",比如陈天华称"中国革命之所以不成功者,在无中等社会主持其事"。不过和梁启超相比,他们意在动员下层,因此很容易走向秘密社会、军人,最终"破坏上等社会"。

梁启超理想中的政治革命没有在1911年到来,但辛亥革命可能是距此最近的一次:新军打响第一枪,地方士绅们迅速参与并控制了节奏,血流如河的惨景并没有发生。

四

1898年岁末,人们在福州印制的《天演论》里发现,"新会梁任公"已被悄然从书中"例言"删去。梁启超是这本著作最早几个读者之一。如果说译者严复是个"群主义者",为此花了很大工夫诠释"群"与国家强大的关系,梁启超则很快把社会达尔文主义与国家主义混为一体,熔为一炉。他所提倡的"新民",强调的并非个人至上,而是希望"合众人之识见以为识见","合众人之力量以为力量"。从这一点看,梁启超是严复真正的同路人。

出版之前,严复把一份《天演论》手稿抄本寄给梁启超，当后者向康有为、夏曾佑展示，3人均为之震动。康有为思想虽如海潮音、狮子吼一样震撼梁启超，但眼前的达尔文主义却为康门所无。在此之前康有为已着手撰写大部分著作，不过仍从这部新著受益匪浅。史华兹弟子浦嘉珉博士认为，康著中的"达尔文式"段落几乎可以肯定是严复之后的装饰品，"它们全都以严复的词汇讲述达尔文、进化与进步"。这位汉学家坚信，"在著名的1898年维新运动失败之后，康有为在流亡期间才将这些词汇添加到其著作的修订本中"。上述说法很难确定，事实却是梁启超迅速加入达尔文主义鼓吹者之列，成为严复译作的重要思想提炼人，并在1897年至1903年间发表超过25篇相关文章。那些未来盛传的口号很多实际出自梁启超之手。如《论近世国民竞争之大势及中国前途》(《清议报》)提出"优胜劣败"，《天演学初祖达尔文之学说及其传略》(《新民丛报》)一文提出"适者生存"。

李伯元记载的一则"趣事"，显示了梁启超在达尔文主义传播中的巨大影响。1903年，赵尔巽从山西调任湖南，面对学堂学生的思想"骚动"，他大谈民权自由，写下几千字驳斥文章，其中满是西方名人，从达尔文、斯宾塞到赫胥黎。不过据幕僚披露说，这位新任巡抚只是买了26本《新民丛报》看了半个月，然后便记住了这些时髦人物和观点。

近代诸多杰出人物的启蒙记忆来自《新民丛报》,这种回忆不胜枚举。一生虽有组党参政、教书诸多经历,梁启超最突出的形象却无法脱离报刊背景。"西方的新闻记者有没有通过自己的写作得到过皇帝的注意和悬赏,遭遇海外流亡,拥有国内政党的领导权,以及最终获得内阁职位、半官方的外交任命以及3种教授职位的呢?"(浦嘉珉语)如果将梁视为一名新闻记者,那么他的成就确实罕有匹敌。从维新、保皇到立宪,立于革命者与政府之间的梁启超虽随时可能被体制重纳,但言论无疑大异于官方,随时可能"出轨"。正如李剑农所言,梁启超在《清议报》《新民丛报》所发议论,"大约都是趋重打破现状的议论",这恰是其文章魅力所在。自《新民说》开始,梁明显更多地切断与儒家经学的联系,将思想资源汲取目标转向日本和西方,他致力塑造的新国民与旧政府之间,冲突难以避免。"在一定程度上,如果说士大夫中的稳健成员变为激进分子是通过接受宣传而不是他们自己的经验,那可能就是梁启超的作品。"(石约翰语)清政府很早就明白康、梁手里武器不多,除了报刊。"至该逆犯等开设报馆,发卖报章,必在华界,但使购阅无人,该逆等自无所施其伎俩。"但海外办报毕竟鞭长莫及,更要命的是包括众多官员在内,很多人慢慢成了梁任公的忠实读者。

不过到了1910年、1911年,梁启超更多转入幕后,不再像几年前与《民报》笔战时那样亲自上阵。1908年,摄政王掌权令立宪派为之振奋,以为历史转机已到,然而政闻社被禁、《政论》月刊停刊却再次清楚地提醒梁启超,不要忘了自己仍是官方通缉名单上的一名政治犯。

1910—1911年国会请愿运动此起彼伏,渐入高潮。与此遥相呼应,这两年梁启超共发表80多篇文章,论及宪政者超过30篇,他传递政见的主要渠道这时变为《国风报》和《国民公报》。1910年8月出版的《国民公报》可谓国会请愿运动副产品,主持者徐佛苏追随梁启超多年。《国风报》与梁关系更加密切,"半数文章"出自其手,包括以"沧江"之名发表的《立宪九年筹备案恭跋》《宪政浅说》和《中国国会制度私议》。这个报名暗示了一种持续不变的国家主义诉求。然而到了1911年,国内读者的情绪明显超出纸上讨论,转向投入实际行动。

这真是怅然若失的一年,君主立宪渐成幻影,革命者们咸鱼翻身,梁启超则一度成为他们奚落的对象。起初几个月,年轻的戴季陶在《天铎报》不断抨击政府、议会,康有为和梁启超是他最热衷攻击的对象:"康有为、梁启超之奸,吾报斥之不下数十百次"(《请看保皇会之逆证》)。甚至直称梁启超为"欺民卖国之蟊贼";与《天铎报》有竞争关系的《民立报》也毫不手软，讽刺打算回国的梁启超，并对《朝日新闻》标榜康、梁为"志士"和"稳和政治家"表示不满。这篇《日人将纵秦桧归矣》（1911年7月23日）作者是宋教仁，时任《民立报》主笔。他参与了黄花岗起义筹备工作，此间起草一批文告和法律文件以备功成所用，这些准备几个月后不意在武昌派上用场，尽管革命爆发后谭人凤抱怨他未及时赶到才让黎元洪当上领袖。那时宋教仁在上海忙着呼吁国际社会承认革命军为交战团体、保持中立。他提醒上海市民，武汉在革命党控制下"安居营业，绝无何等之妨害"，"革命党非强盗流氓可比"，国人不能拿叛乱来看这场革命（《民立报》10月17日）。1911年10月28日，宋教仁抵鄂，全力投入到草拟《中华民国鄂州约法》和《官制草案》之中。翻译过《日本宪法》《英国制度要览》《美国制度概要》的宋，宪政理念相当成熟，《中华民国鄂州约法》体现了他的政治理想。这份《约法》最引人瞩目之处在于第二章《人民》，18条款目里除了2条义务（纳税和当兵），其余均为权利条款，包括平等、言论出版和结社自由、宗教自由、选举权和被选举权。这对当时的国人来说，无疑吸引力十足。

"人群之进化，莫要于思想自由、言论自由、出版自由。"梁启超为此高呼多年，他和严复虽热衷"进化"，承认进化动力其实来自人的自由,不过言论、思想自由和国家富强对他们来说并非总是一回事,有时甚至看上去背道而驰,为此他们内心矛盾,怀揣不安,终于目睹革命降临。

五

"这是谁的功劳呢?可以说谁也没有功劳,可以说谁也有功劳。"10年之后,天津学界公祝10月10日国庆,梁启超发表演说回忆辛亥革命。"当光绪、宣统之间,全国有知识有血性的人,可算没有一个不是革命党,但主义虽然全同,手段却有小小差异。"表面上梁是这场革命的旁观者,新生的民国却尊其为元勋。1912年11月13日,梁启超搭乘"大信丸"启程归国,15年流亡生涯以一种戏剧化方式终结:海风恶浪令他困于塘沽,3天后才得登岸。岸上原本准备迎接他的队伍阵容豪华,张謇和黄兴苦候3天才无奈离开。各省欢迎电报蜂拥而至,梁任公抵津之后登记拜访者超过200人,其中包括前直隶总督张锡銮和民国首任内阁总理唐绍仪。对无缘登门者来说,利顺德酒店和李公祠是那几天围观舆论巨子的最佳去处。这种场面让回国前不无忐忑的梁启超感到吃惊,更让他吃惊的是自28日入京后的12天,他亲历了自己创造的首都社交奇观:各种欢迎大会多达19场,最多1天需转场4次。拜会者如此之多,以至于他从每天早上7点忙到深夜2点,并且只能与客人约定会谈不超20分钟。即便如此很多陌生人还是排不上号,比如梁漱溟之父梁济,2次投书、4次拜谒均未获回应,怅然若失。京津待遇之隆,大出梁启超意料,直到此时他才能如此直观地感受到自己流亡时出版的报刊影响何在。那些散发着启蒙和抗议色彩的文章经由各种渠道流入国内,广为扩散。昔日看不见摸不着的读者现在如此生动地涌现于面前,而他们正是缔造民国的中坚力量。

算起来这一过程从《时务报》已经开始,"凡居亚洲者,人人心目中莫不有一梁启超"。10年之前,孙宝瑄在日记里不无夸张地说道。新式报刊在中国第一次淋漓尽致地展示力量正是通过梁启超,这种舆论魔力至《新民说》达到高潮。戊戌政变、自立军起义的两次失败让他洞察改造中国之难,从而选择以新闻业入手。如果说魏源那样的早期人物,影响力乃是通过友人和同僚网络,梁则明显借助了现代公共传播媒介。当然,现实给他的选择本也不多,正如流亡时期他自况"惟日日为文字之奴隶",但"舍此更无术可以尽国民责任于万一"。彼时日本新闻业蓬勃成长,令人印象深刻。梁启超惊叹这里"妇孺可以操笔札,车夫可以读新闻"。目睹"今世文明国国民，皆嗜读报纸如食色然"，他不禁乐观地按美国报纸受众比例（六人有一人读报），推算出中国"应有读报人八千万有奇"。这个规模显然绝无可能，但不妨碍描绘一个美好远景："安知中国五十年后，其盛大不有更惊人耳目者乎。是在造时势之英雄焉矣"（《新民说》）。

近代民主在世界各地的推进面貌各异，共同点可视为国家权力分散至社会和个人。在此过程中新兴媒体系统虽无法变成一种制度权力，却足可左右社会心理，因此一跃崛起为第四权力。这种西方观念经过日本人松本君平等人传递给了梁启超，他将言论、出版自由推崇为现代文明之源："思想自由、言论自由、出版自由，此三大自由者，实惟一切文明之母，而近世界种种现象皆其子孙也"。然而当启蒙话语转化为大众媒体语言，实际效果却异常复杂。《清议报》《新民丛报》持论理性，却因此失去耸人听闻的效果。相比之下，革命报刊更擅煽情，况且现实危机正激发年轻一代与"祖国"决裂，他们所求者乃是快速改变国家和自身命运，必然为各种激动人心的新观念吸引，一场场改良革命之争令君主制层层去魅，皇权政治权威荡然无存。梁启超的言论不够刺激，客观上却做了大规模西方政治思想扫盲的工作，因此在一定程度上说他与革命宣传同构，大体不差。

保中国而不保大清，官方对"保国会"的这个指责正是康、梁逃离时身负罪名之一，梁启超的"国家主义"与清政府本不是一回事，他大力鼓吹国家、朝廷分离，笔下的国家与政府注定潜伏着一种紧张，这种张力寻得恰当时机随时可能导致冲突。何况理论意义上梁并不否定政权更换的正当性，到了"恶政府之生命与国家之生命，实相克而不并立"时，他可以转而号召推翻"恶政府"，比如国会请愿运动连续遭到弹压之后。

或者正因为如此，民国肇立，持"梁先生实有间接之大力"（徐佛苏语）论调者比比皆是。典型如柳亚子，称梁启超"虽然没有敢昌言种族革命，不过字里行间，引起青年们对于满清的反感，实在十二分激烈"。更有甚者，干脆把辛亥年的第一功劳归之于他，理由是革命能一举而全国响应，关键在于思想改变已深入人心，如无梁启超多年生花妙笔，"虽有百十孙中山黄克强，岂能成功如此之速耶"（胡适语）。当然，推崇权力操控和直接行动功效者一定难以认同此论，但对那些将思想与观念置于历史第一推动力的人们来说，上述观点却并非妄语。

六

1911年，梁启超大约发表20篇文章，比上一年大幅减少。《中国前途之希望与国民责任》和《新中国建设问题》是其中最著名的两篇。

《中国前途之希望与国民责任》发表于武昌起义前,言语立场明显转向激进:"诚能并力以推翻此恶政府而改造一良政府,则一切迎刃而解,有不劳吾民之枝枝节节以用其力者矣。"余英时回忆这篇文字对钱穆的影响,称那时"钱先生才十六岁,他的爱国思想和民族文化意识至迟已萌芽于此时,也许还可以追溯得更早一些。梁启超这篇文字在当时激动了无数中国青少年的国家民族的情感。"两年之后,作者解释自己如何被国会请愿失败所刺激:"鄙人感愤既极,则在报中大声疾呼,谓政府现象若仍此不变,则将来世界字典上,决无复以'宣统五年'四字连属成一名词者,此语在《国风报》中凡屡见,今亦成预言之谶矣。"

这一年7月,最高发行3000份的《国风报》宣告停刊,如果将此事与刚刚出台的"皇族内阁"联系在一起,或能显示立宪前景就此暗淡。停刊让很多人感到惋惜,在官方阵营它也颇有人气。喜欢写日记的官员恽毓鼎拿到《国风报》第3期时曾如此评论:"竭半夜之力粗竟一册。报中所登皆有实益有关系,所著论说,语语搔着痒处,旬余抑闷为之一快。"他称赞梁任公"根底既坚,阅世复多深识",甚至拿这个"危险分子"的文章教育子女。

另一篇著名雄文《新中国建设问题》旨在讨论未来

国体。此时革命已然蔓延中国,面对汹汹舆论,分析"虚君共和"多少显得不合时宜。不过这仍是梁启超心中最理想的政体,尽管不得不承认今后再无可能,他只能埋怨清廷自取灭亡,为中国未来留下制度困境。辛亥革命肯定不是一场"中等社会"革命,不过结果尚差强人意,至少龙旗降下时国家看上去相当平静。南方的硝烟渐渐散去,留给梁启超的只有无奈与遗憾:"谁之罪也?是真可为长太息也!"

1911年底,褪去政治犯身份的梁启超不必只躲在海外施展"新闻自由",开始琢磨回国后如何继续办报。袁世凯虽然对此表示赞同,却委婉地说以梁的大才,此时"岂宜办报"。袁深知热衷现代政治的梁启超和自己并非一路人,两人只是因为新生的共和国才暂时走到一起。"此公之联络人,真无所不用其极也。"回国之后,梁启超叹服袁世凯纵横捭阖的能力,双方大约3年的政治合作由此开启。1913年,梁策划共和、民主、统一三党合并为进步党,他们反对国民党"二次革命",并联合把袁世凯送至正式大总统之位。不久,梁启超出任熊希龄内阁司法部部长,新生的共和国看起来生气勃勃。

新任司法部部长看上去心情不错,美国驻华大使芮恩施对他组织的一次家宴难以忘怀:"席上讨论了不同文化之间深刻的联系,这给参加者留下了一种难忘的印象"。因为客人们很难想象"如果到华盛顿去和'司法部长'一起进餐,并同他谈谈灵魂不灭的问题,又会是怎样一番情景呢!"

不过现实政治远没有讨论灵魂那样有趣。民国第一年,几位敏锐的外国观察家已发出令人不安的警告,比如英国人伍海德。1912年7月,他辞去《京津泰晤士报》主编之职,在给该报的最后一篇文章里悲观地写道:"中国现在的情况和一年前比起来没有进步反而倒退。我们一直在寻找改善的方法,但都是徒劳。目前看来,在一个古老帝国实行现代西方国家的政府体制是不可行的。新酒是不能装在旧瓶子里的。不久我们将看到一个泱泱大国,在没有形成任何选举体制、没有颁布任何相关法律的情况下,贴了几个星期的通知后,就试图举行一个两院制的议会选举。在没有采用西方任何复杂和有效的体制的情况下,中国再一次尝试西方体制,会产生怎样的结果呢?"

新的动荡很快光临年轻的共和国,导火索正是力推西方政制的宋教仁。宋、梁本可在民国政党政治竞争中棋逢对手、文明对抗,可惜这一天并没有到来。1913年宋教仁被刺身亡,梁启超先后发表《暗杀之罪恶》和《革命相续之原理及其恶果》,既谴责暗杀,也警告中国勿陷入"革命复产革命"的命运:"革命可以止革命,则国家之福；革命而适以产革命，则国家之祸。"他担心连续动荡将召唤出强权独裁人物。果不其然，袁氏父子不久流露称帝之意，梁启超顿感不妙，开始疏离政治中枢。1915年，他和家人搬入天津意租界西马路新宅。那里宽敞明亮，与首都不远不近，若即若离，正适合重新施展舆论之力。很快，一篇《异哉所谓国体问题者》令《京报》（中文版）和转载的《国民公报》洛阳纸贵，一纸难求，成为当年倒袁行动神来之笔。帝王新梦看起来绚丽辉煌，却一戳即破，很大程度上要归功于梁启超、蔡锷师徒联手引发的多米诺骨牌效应。

七

1925年3月12日，孙中山病逝。次日，《晨报》刊发一篇名为《孙文的价值》的文章。除了适当褒扬革命先驱，梁启超在其中说出了自己对这位革命领袖的最大不满："为目的而不择手段"，不择手段则意味着"所谓本来之目的，倒反变成装饰品了"。孙中山的失败和成功皆根源于此，梁启超说，由于没有实现目的，"我们所看见的只是孙君的手段，无从判断他的真价值"。

这个批判也许正中肯綮，但梁启超很难想象多年以后人们会把中国革命与自己相联系，并暗示他那带有集体主义色彩的国家主义得到某种延续。其实在目睹巴黎和会的那次欧洲旅行中,梁启超已认真反思国家主义,并将目光抬升至新的"世界主义",试图以此重新审视中国文化的生命力与未来。上述旅行心得被他写入《中国人之自觉》。90多年后,英国历史学家麦克法兰在北京清华大学再次提醒,中国面临的问题是"怎样做到一方面保持自己独特的文化和个性,屹立于风诡云谲的21世纪,一方面充分汲取西方文明所能提供的最佳养分"。上述观点见于麦氏一次系列讲座,设立梁启超、王国维、陈寅恪"三大纪念讲座"据称正为接续中西会通的构想。1925年,当清华从学堂转向真正的大学,首先创办了国学院,梁启超受邀名列导师之一。

一生思想多变的梁启超,自有"流质善变"性格与生命经历之因。但这种印象更多来自其流亡与革命时代。几次任职和组党之后,他选择1917年底淡出政界,这个想法酝酿于1916年,只是1917年7月段祺瑞内阁成立后,梁启超出于各种考虑还是勉强出任财政总长。这一年,他支持段祺瑞讨逆军扫平张勋的辫子军,59岁的康有为则在复辟王朝做了11天弼德院副院长后狼狈逃到美国大使馆避难。在当年重刻的《新学伪经考》中,康将梁启超的名字剔除。

1918年,"一战"结束。梁启超邀请几位友人同赴欧洲访问，期间没忘了去看望李提摩太，昔日的秘书送上自己多本著作，据说这是李提摩太晚年最开心的时刻之一，这位对近代中国影响甚大的英国人不久与世长辞。15个月后，梁启超结束旅行返回上海，很快出任《改造》杂志主编，这本刊物的重要立场就是反对各种革命。从1920年归来至辞世，梁启超转入张荫麟所称的人生第4期。他专力治史，虽然慢慢有了为学问而学问的倾向，却仍难免"不忘情国艰民瘼"。

《改造》原名《解放与改造》，1919年创刊时梁启超身在国外，但杂志与他大有关系。1918年底，酝酿已久的欧洲之旅得以成行，上船之前的一个晚上，梁与张东荪彻夜长谈，称自己要为中国思想界出一些力。说起此前自己的政治生涯，他不免感慨，将之称为"从前迷梦的政治活动"。

政治之进化，则维新革命者之功也。

——胡适

第十章　黄花岗

一

黄花岗事败，广东人梁启超写下《粤乱感言》，言辞之冷峻大概为革命党人难以原谅。梁承认死者不乏爱国青年，富有才华。不过他提醒公众注意：那些革命领袖却逍遥事外，"徒驱人于死以自成其名，其用心诚可诛"。这不是梁启超第一次如此讽刺，1908年冬，他就曾在《新民丛报》上撰文批评革命党领袖们："徒骗人于死，己则安享高楼华屋，不过远距离革命家而已。"27岁的汪精卫正是受此刺激，决心不做"远距离革命家"，1910年回国刺杀摄政王，计划用炸弹让自己与其同归于尽。1911年广州起义爆发时，暗杀未遂的汪精卫尚在北京狱中。

这年3月，台湾人林献堂邀请梁启超赴台考察。此行别有一番滋味,船刚靠岸,"警吏来盘诘,几为所窘"。还好梁启超随身带着东京的"介绍信",当地人士顶住压力在台北荟芳楼设宴欢迎舆论巨子的到来,而日本警察则密切监视着一切,这种体验让梁启超感叹颇多。千古伤心地,沉沉故国悲,他行走各地,写下多首诗句,希望以此唤醒台湾年轻一代。

几乎与此同时,广州城内正酝酿着一次暴动,它的参与者是一批中国南方知识青年。事后可查者86人,30岁以下44人,其中4位不满20岁。牺牲者以广东、福建人居多,四川、广西、安徽、江苏次之,他们分别是学生、教员、记者、军人、工人、农人和商人。值得一提的是,广东人中以花都、南海人居多,后者恰为保皇派领袖康有为故乡。这场不可能赢的战斗史称黄花岗起义,它来去匆匆,如同流星划过夜空,转瞬即逝,却很快变成下一场风暴的序曲。几个月后革命风雷横扫中国,梁启超们的君主立宪梦被打得粉碎。

广州,这座"印度以东最不眠不休的城市",一直散发着中国罕见的商业热情,也是《泰晤士报》笔下天子时代"煽动叛乱的中心"。1911年春,年轻的反叛者在此向帝制中国再次发难,但革命党人计划不周,为此损失惨重,牺牲者虽称72烈士,实则超过百人。"吾党菁华,付之一炬",众多革命知识精英陨落于此,令孙中山备受打击，几乎看不到新的希望。这是革命党人的第 10 次失败，他们唯一的慰藉是青春的鲜血或能刺激麻木的国民心灵。"此次死者多英才，其价值逾高，亦足动国民之观感。"黄兴与胡汉民事后如此感叹。这一年，年轻的未来中国共产党领袖毛泽东第一次在长沙看到《民立报》，广州起义 72 烈士的报道令他极为兴奋，为此首次撰文发表政见，并把它贴在学校的墙上。

死难者的"书生"面貌，人们或可从另一个视角感受一二。72 烈士中至少有 7 人参与过出版新式报刊，最著名者当为庆应大学留学生林觉民，他曾任福建《建言日报》主笔。黄花岗之役死难者中福建人比例之大，令人印象深刻。

流传于世的那张照片上，林觉民俊秀异常。实际上，"美男子"这个称呼自少年时代已被公认，但他满怀改变旧世界的冲动，远非一名文弱书生。幼年林觉民被过继给禀生叔父，面前本有一条考场铺就的仕途旧路，不过他的兴趣却是新学，尤其是从日本传过来的那些观念和主义。福州文儒坊"蒙学堂"（后改"侯官县立两等小学堂"）是本地新学的重要发端地，林觉民、方声洞等福州 10 烈士皆有蒙学堂背景，这里"以革命学说，灌输学生"，不仅提供《波兰亡国史》，也秘密藏有《扬州十日记》这类书籍。创建学堂的精神领袖林白水堪称近代传奇人物，他主持、参与报馆之多令人称奇，其中包括著名的《中国白话报》和《苏报》。林以言论勇敢闻名，多次入狱，并不幸因此遇难。1926年8月的一个夜晚，因《官僚之运气》一文，他被军警从北京宣武门外一个胡同里带走，很快死于非命，据信幕后黑手来自军阀张宗昌属下。

福州人很早就与外国人打交道，但《南京条约》前并无外国"租界"。"中国城市的街道全是一个样：部分街道略微宽一些，有更好的更有吸引力的店铺，但是绝大部分街道狭窄、肮脏，福州府当然也不例外。"1845年，罗伯特·福琼描述第一次看到的福州市区。鸦片战争意外抬升了这个城市的世界眼光，西方人纷至沓来，福琼便是其中一位。战争结束后他被英国皇家园艺协会派遣到华考察，此人因带走武夷山茶叶工艺而被指"茶叶大盗"。福州人对西方人的到来开始并不欢迎，除了围观，迎接他们的还有追赶和谩骂。不过外国人集中的仓山区很快成为本地士绅新爱，和所有租界一样，中国精英发现这里可以凭借洋人国旗获得可靠保护。荒凉的仓山地区不久变得楼房林立，热闹非凡，西式新教育也从这里起步，它们有着典型的传教士命名特征，比如格致书院和英华书院。

庚子之乱后本土新式教育和新政一起展开，成为西方学校的有力竞争者。1902年，15岁的林觉民考入全闽大学堂，成为首批学生。

十几岁的林觉民是个不安分的学生，他决定在一座宗祠设立阅报所，让更多人感受新世界的气息。福州城里不少年轻人聚集到此，他们不甘现状，喜欢看《苏报》《警世钟》《浙江潮》这些充满哀伤与警告的新报刊。林觉民的激进气质在这些人里更加突出，一次当他发表题为"挽救垂亡之中国"的演讲，一位在场的学堂学监偷偷告诉其他人："亡清者，必此辈也"。

日本留学生、流亡者的消息不断传至海峡这一侧，19岁的林觉民热血沸腾，跃跃欲试。远在东京的激烈言论并非遥不可及，它们以各省留学生同乡会之名出版，比如《湖北学生界》《江苏》和《浙江潮》。异国空间和身份差异意外刺激了民族主义、国家主义的速成，开始这一切并不指向"排满"。然而1903年学生的拒俄运动遭清政府压制，致使留日群体与官方矛盾陡然上升。年轻人的办报热情首次在那一年出现（出版11种），爱国主义从此慢慢换了面貌，"排满"民族主义开始抬头。1905年科举废除致使留学生"心理"上与官方更加疏离。英国旅行家、作家埃德温·丁格尔对此看得相当清楚：爱国主义精神支配了每一个中国学生的灵魂，他们确信政府是腐败的、无效率的、不可救药的。与外部世界的联系、对各个帝国主义国家进行的研究以及对每个国家与中国的比较，产生了导致中国革命爆发的必需因素：一代觉醒了的和训练有素的人。

林觉民决心自费赴日留学，但家庭无法维持这样的开支，一度不得不返回。不料新机遇以一种奇异的方式降临：一名官费丁姓学生跳海，林觉民很快得以顶替这个名额。当他考上庆应大学哲学系，财务状况更是大为改善。官方每月支付他70两生活费，这笔钱甚至足够邮寄回国补贴家庭。不过，公费资助无法阻止留学生们的"叛逆"情绪，他们当中的很多人第一次以国家为耻，就是途经下关——《马关条约》议和之地，那"真教人羞的无地自容了"（景梅九语）。和众多热血青年一样，林觉民不久便投入同盟会的怀抱，加入与保皇党人的辩论。锦辉馆成为东京留学生你来我往的辩论舞台，而听众则越来越喜欢把掌声送给那些言辞激烈者。

二

林觉民并非头脑简单的革命青年，他喜欢托尔斯泰和康德，写过小说《莫邪国之犯人》，译过《六国宪法论》。1908年同盟会设立福建支部后，林觉民在那里遇到不少志同道合者，比如支部负责人、曾任《民报》经理的林时爽（后改名林文）。这是同盟会按18个省籍设立的第

14支部，两年后它成为广州起义的主力。

1910年11月13日，同盟会在槟榔屿秘密筹划一次新行动，决定以广州新军为主力，另选革命党人500（后增至800）组成"选锋"，计划占领广州后由黄兴率一军入湖南，赵声率一军出江西，谭人凤、焦达峰则举兵响应于长江流域，最后会师南京，北伐北京。"选锋"实为敢死队，有去无回之意众人皆知，福建支部宣布计划后，庆应大学文科三年级学生林觉民立即报名，他被分在南洋和福建革命者组成的一支队伍里。不料这次行动一波三折，因准备不足，10路进军计划被迫缩至4路。行动前风云再变，温生才刺杀署理广州将军孚琦让两广总督张鸣岐全面提升警戒，广州起义面临流产。连续的变故让喻培伦等人相当不满，喻向黄兴抗议称，即使一人也要行动，生死成败在所不计。犹豫不决的黄兴最终下定决心，事后显示这是一次悲壮的孤军奋战，广州城里枪声响起时大批革命党人尚在香港，而新军中的革命者由于被严格监视，枪机被卸，根本无法联合响应。

"心之摧割，肠之寸断，木石有知，亦当为我坠泪"。年轻的林觉民料知胜算很小，以自己家有老父、幼弟、少妇、稚儿为例，鼓励年轻的敢死队员"我辈虽死，尤生矣"。以死感动同胞觉醒，变成这次起义的新诉求。1911年4月27日下午，林觉民、黄兴和百余"选锋"

臂缠白巾手执炸弹直扑广州督署，焚烧衙门后革命者遭遇水师提督李准亲兵大队，因有消息称清军内有革命同志，林文上前高呼"我等皆汉人，当同心勠力，共除异族，恢复汉疆，不用打！不用打！"不料一枪射来，当场牺牲。混战中黄兴被打断右手中食，避入一家小店后改装出城逃回香港。一天之内，年轻的革命党人陈尸街头，断头折臂血肉模糊。同盟会会员潘达微事后收殓遗骸，发现不少遗体被铁链捆在一起，最后殓得72人。"谘议局前新鬼录，黄花岗上党人碑"，为反击保皇党《国事报》对这次行动的污蔑，潘在《平民报》以此为题描述起义始末，从此红花岗被流传为黄花岗。

革命者活跃于广东报界。5月，《南越报》连载《五日风声》描写广州起义。此前，刺杀广东将军的温生才被斩首于广州东门外，《可报》经理邹鲁以记者身份赴现场观刑，刊文公开表彰牺牲者，称"温生才之名以存，而短枪亦偕其人以共垂不朽"。几个月后，乾坤倒转，黄花岗起义筹划人之一、同盟会南方支部支部长胡汉民出任广东军政府大都督，一张字条贴到保皇党《国事报》大门两侧："广东现已独立，快看《国事报》投降"。

当革命风暴从武昌烧向全国，水师提督李准向张鸣岐建议开门迎接革命党，后者惊恐万分：黄花岗之役，砍了多少革命党人脑袋，"他们能饶了我们？"几个月前实际镇压那次起义的是李准,为此他遭到革命党支那暗杀团报复,但侥幸逃生。不过此时这位提督决定反水,通告粤省白旗向民军"投诚",张鸣岐则乘坐炮艇逃往英国领事馆避难,并在英国人护送下逃亡香港,自此遁出政界。

几个月前,林觉民给张鸣岐留下深刻印象,会审时林侃侃而谈,以笔代言,书至激烈处以手捶胸。"此人面貌如玉,心肠如铁,心地光明如雪,也称得上奇男子……"张为之感叹,却拒绝留情。目睹革命党人如此面貌,这位清帝国最年轻的封疆大吏似乎感到一股寒意。"人心如此,天意可知。"在上奏的电文里,他明显有点沮丧。

得到消息的林家7口人逃至福州三坊七巷一个小巷,过起担惊受怕的日子。直到一天早晨他们从门缝收到一包东西,发现藏于其中的家书。陈意映看后几次昏死,巨大而突然的丧夫之痛压垮了年轻的妻子,两年后她抑郁去世,家中留下7岁长子依新和2岁"遗腹子"仲新,一个孩子后来不幸夭折,曾经美满的家庭就这样在一场革命烟火中化为乌有。

林觉民写下诀别书时,距离广州起义还有3天。"常愿天下有情人都成眷属,然遍地腥云,满街狼犬,称心快意,几家能彀?""当亦乐牺牲吾身与汝身之福利,为天下人谋永福也。"《与妻书》写在一块白色正方形手帕上,绕指柔情与浩然之气缠绕其间。百年之下,读者仍无不为之动容。这封家书被投射在林觉民故居的一面墙上,今天到福州的游人可以在此观瞻,遥想前人的爱情和勇气。与之相邻的房屋就是夫妻俩小小的卧室。陈意映出身名门,其父陈元凯为光绪举人,夫妇婚后两情相悦,居所自称双栖楼,她寄给林觉民的信笺落款常署名"双栖楼主"。"天真浪漫真女子也",林觉民如此描述妻子。人们无法知道陈意映打开丈夫最后一封信时有着怎样的悲苦。多年以后,歌手齐豫以"第一人称"遥想她的心情,吟唱给天堂里的林觉民:

> 当我看见你的信
> 我竟然相信
> 刹那即永恒
> 再多的难舍和舍得
> 有时候不得不舍
> ……

《觉》,发表于1997年滚石唱片专辑《骆驼·飞鸟·鱼》。在台湾,这不是关于林觉民唯一知名的歌曲,演绎佳作还有童安格的《诀别》和李建复的《意映卿卿》,

其中民歌时代李建复的歌声可能最得其神。当小提琴和木吉他声响起,漫天的书卷气刹那间穿越而来,令人仿佛回到草长莺飞、碧血黄花的百年前:

> 意映卿卿,再一次呼唤你的名
> 曾经我的眼充满你的泪
> 然而,我的心已许下四万万个愿
> 率性如我,又怎能抛下此愿,青云贯天
> ……

几个月后,湖北新军里的年轻人发动了一场更为浩大的起义,这是革命党人的第11次武装行动,它摧枯拉朽,捣毁清廷。林觉民们追求的"中华新国民",仿佛一夜之间竟变为现实。

三

"广西去的同志,大多在起义中光荣地牺牲了",何遂回忆说。黄花岗阵亡名单里广西人数量可观。举事前黄兴曾派人前往桂林,与革命党人方声涛、耿毅、何遂、赵正平商议后续行动,后者多为新军里的激进人物,很多人留在广西等待响应,但是他们最后收到一份来自香港的电报:"父已死,毋庸来港。"众人一看,皆知广东事败。

把何遂这批人招到广西的正是杀害林觉民的张鸣岐。举人出身的张鸣岐1904年随两广总督岑春煊入桂,1907年升任广西巡抚时年仅32岁,可谓春风得意,一时无二。为追赶潮流标榜进步,张氏锐意"新政",四处延揽人才,网罗一批日本士官生和国内军校青年,蔡锷和马君武亦在其中。何遂出生于福州,留日未成被林森推荐入伍,后以三等参谋身份考入保定陆军军官学堂,在那里他与一批热血士官生秘密加入同盟会。1909年毕业后一度入选禁卫军队官的何遂,看到不少同学前往广西也转向南下。对年轻的军官们来说,诞生过洪秀全的广西是一块令人激动的"革命圣地"。张鸣岐怎么也没有想到,自己就这样把一批火药招至广西。他们非常活跃,不惧革命情绪外露。一次张请几位军官吃饭,其中一位喝多了,大叫中国复兴清朝便不能存在,然后拿起手枪向天花板连开数枪。

同盟会广西支部秘密成立于1909年秋,因入盟者太多,支部长耿毅手指没几天竟被扎肿,只好改成集体宣誓。广西名将李宗仁此时正在当地陆军小学,他回忆说:"我校入会的三期学生共有五十余人,并租有民房三间,每月聚会两次。记得我们在该处入会,用钢针在指头上戳血作誓。我只把针向手指上一戳，血便出来了，并不觉得痛。而胆小的同学，不敢遽戳，把针在指头上挑来挑去，挑得痛极了，仍然没有血出来，颇令人发笑。"最后，入盟者和主盟人把一份志愿书烧成灰放到酒里大家分饮，主盟人立刻宣布："从此又多了个英雄。"广西支部成立后，做的第一件大事竟是驱赶陆军小学创办者蔡锷。1903年毕业于日本士官学校的蔡锷此时年龄不过二十七八，却身为兵备处总办兼干部学堂监督。何遂他们对蔡印象不佳，觉得他是"满嘴官话，出门坐大轿子，没有什么革命味道的人"。因怀疑后者在"裁员"中偏袒湖南同乡，干部学堂、陆军小学、政法学堂学生群起请愿，加入弹劾队伍的还有当地议员。重压之下蔡锷只好走人。"你们是革命党，我比你们更老。你们太年轻，浑身带刺"，走前蔡如此告诫年轻军官。有消息说，同盟会最高领导机关指派蔡锷到桂领导起义，由于单线联系致使其他革命党人不知其身份，不过黄兴等人对此并未证实。更确切地说，与师傅梁启超相似，蔡锷只是一名革命同情者。

未来的著名乡村建设者、广西人雷沛鸿也是黄花岗起义参加者，不过他的职责是守卫军械弹药。起义失败后，"我还待在秘密机关里，死守着那座房子，还没有意识到事态的危险"，雷回忆说。他化妆坐着轿子混出广州一路颠沛到达桂林。雷氏家族系南宁望族,不过雷沛鸿的读书旧路遇到了新潮流:八股文被废除时他刚学到八股文中的前三股(破题、承题和起讲)。改入新学后一批新书、禁书进入视野,他大受激发,决定前往广州寻求新教育。1903—1904年,广州附近弥漫着激进和不安的气息,不远处的香港更是革命党人云集。陈少白主编的《中国日报》和徐勤主编的《商报》笔战正酣,革命、改良之争令年轻人大开眼界,雷沛鸿很快站到《中国日报》一方。不久同盟会在日本宣告成立,最早的参加者包括一批广西籍学生,最著名者当为翻译卢梭《社会契约论》(马译为《民约论》)的马君武,雷沛鸿对他和同盟会相当崇拜,却苦于无法加入。直到1906年的一天,香港出版的《时事画报》引起了他的注意,雷认定其中一个作者为革命党人,径直去报社寻找署名"抱香"的记者。情况果然如此,此人名叫谢英伯,两人相谈甚欢,谢介绍雷沛鸿入盟,担任另一位介绍人的叫潘达微,正是后来黄花岗烈士遗骸的收殓人。

民国初立,25岁的雷沛鸿考取广西留英公费生,"一战"爆发后经吴稚晖推荐改去美国。在那里他不仅加入了中华革命党,学业亦突飞猛进,于1919年入哈佛攻读政治学。不过当他1921年获得硕士归来,却和不久前返回中国的晏阳初一样,转而选择投身底层国民问题。"不分贫富贵贱，男女老幼，人人均有享受之权利"，雷氏认为缺少基础教育的中国不足以成为一个现代国家，他在故乡尝试乡村实验，得到广泛关注，并因此与陶行知、晏阳初、梁漱溟一起跻身乡村教育倡导者之列。1935年，《独立评论》164号发表胡适《南游杂忆》，文章介绍了时任广西教育厅厅长雷沛鸿正在执行的一个计划："全省每村至少有一个国民基础学校，要使8岁至12岁的儿童都能享受两年的基础教育。"此前，胡适对中国国民基础教育表示担心，怀疑获得教育的人是否愿意再次回到乡村，广西之旅扭转了这一看法。"我看了那些破衣赤脚的小学生，很相信广西的普及教育是容易成功的，这样的学堂是广西人民负担得起的，这样的学生是能够回到农村生活里去的。"胡适写道。

四

广州起义失败的消息传到英国，一位中国人"精神痛苦，如火中烧"。1911年8月5日，他愤然从爱伯丁乘车到利物浦，投海自沉于大西洋。两天后的一个傍晚，遗体被一位渔民发现。利物浦华侨翌日召开追悼大会，厚葬其于公共坟园，墓碑塔基上的英文如此写道：

"中国烈士杨守仁，因政治思想而死，死时40岁，

1910年8月5日"。

他是湖南人杨毓麟,字笃生,复改名守仁,40年生涯里身份复杂:举人、候补知县、《神州日报》总主笔以及不合格的炸弹制造者。章士钊、杨昌济闻讯很快赴英,为壮年而逝的老友料理后事。杨昌济与杨毓麟结识于1890年代,后者"年十二三已遍读十三经、史记、文选及各名大家诗古文辞",令他印象深刻,这种功力帮助杨毓麟日后大放异彩。

杨毓麟出身农家,早年得以就读长沙城南、校经书院,两校在湖南近代史上非同一般。郭嵩焘称校经书院开湖南风气之先,充满激情的城南书院则为湖南一师前身,一批重要政治人物从此走出,直接影响20世纪中国政治生态。在杨毓麟自杀之前,城南书院还出过另一位蹈海英雄——陈天华,他以《猛回头》和《警世钟》闻名,1905年底自杀于东京大森海湾时年仅30岁。

1872年出生的杨毓麟甲午战争时正值20出头,和众多同龄人一样为战败所刺激,连夜撰写一篇《江防海防策》痛斥"投降派"。1897年,游离《时务报》的梁启超来到湖南,杨毓麟则在这一年成为一名广西候补知县,不过他没有赴任而是入聘当年开办的时务学堂,自此与谭嗣同、唐才常同道,共同搅动湘省思想新潮,长沙则很快成为北京之外的变法重镇。杨毓麟尝试为《湘学新报》(后改名《湘学报》)撰稿,并对历史产生了浓厚兴趣,试图从中找出中国变革的动因。

时务学堂不久和北京的变法一起宣告失败,唐才常在1900年发起自立军起义,慷慨就死。自立军右军统领沈荩在这次武装行动中幸免于难,失败后潜往北京。3年后,一起报界"泄密"事件却意外把他推至前台。因天津《新闻报》披露《中俄密约》,沈荩被慈禧下令逮捕,他没能再次逃过劫难,被判立毙杖下。此刑为慈禧"万寿庆典"而专设,执行时场面极其惨烈。《大公报》怀着复杂的心情描述同业"记者"之死:"打至二百余下,血肉飞裂,犹未至死。后不得已,始用绳紧系其颈,勒之而死。"沈荩之死震惊中外,如果说清王朝进入20世纪后的最初几年仍示人以残酷专制,沈荩案便是这一印象的最坏案例。沈荩之死令杨毓麟悲愤异常,1902年到1905年间他多次往返日本,思想日趋激烈,转而支持暗杀。

1903年,日本政府强令解散留日学生抗俄义勇队,后者随后被改组为军国民教育会,杨毓麟名列核心发起人,他们的重要手段便是暗杀。经冯自由介绍,杨联络到横滨的梁慕光学习制作爆炸物,"横滨暗杀团"不久诞生。曹亚伯称:"党人能自造炸弹,自守仁始,"国民党元老吴稚晖则称杨毓麟为"革命党之健者,炸裂弹之先导"(《武昌革命真史》)。暗杀的想法那时占据了很多人的头脑,包括看上去温文尔雅的文人。1904年,一篇《论刺客的教育》如此公开鼓吹刺杀:"教全国中、下等社会里头,个个都有权利思想,晓得皇帝是百姓的公仆,没有什么好怕的,官吏更是百姓第二等的奴才,没有什么好惧的,他若犯了法,就把他赶了、杀了,也不过共赶杀鸡犬一样,没有什么稀奇的。那叛逆、反乱、不道,各种放屁话,如今不必相信了"。这篇刊于《中国白话报》的文章署名"白话道人",它的作者是林白水。他最后激烈地总结说:"如今中国除了做刺客,更无处置民贼的好法子了"。和林白水一起创办光复会的蔡元培同样着迷刺杀,他研究的重点是固体粉末和炸药,并且认为女子比男子更适合"暗杀",因此在女校上课时尤为留心。不过,蔡元培虽然在猫身上做过暗杀实验,却没有亲自践行过暗杀行动。

"横滨暗杀团"名噪一时,人才荟萃,入会者除了蔡元培还有章士钊、陈独秀、刘师培诸人。他们的共同特点是热情有余,经验不足,杨毓麟甚至为此炸伤了自己一只眼睛。但这不妨碍暗杀团的急切心情,列入暗杀的目标包括慈禧、南下的少壮派官员铁良和其他几位朝廷高官。他们一度在北京等地埋伏,但苦于戒备森严难以下手。1904年11月,万福华刺杀前广西巡抚王之春失败,致使上海余庆里暗杀团机关被破坏,杨毓麟只好二次出亡日本，自此改名杨守仁。

五

一年之后，清廷宣布派遣五大臣出国考察宪政，此举令立宪派为之一振，暗杀者则觉得机会来了。革命者警惕宪政之旅，担心这将有效延长清廷统治时间。"北方暗杀团"支部长吴樾决心牺牲自己，"决不甘为拜服异种非驴非马之立宪国民也"。1905年9月24日，他留下"死必有胜于生，然后可死"的慷慨绝笔，乔装改扮怀揣炸弹登上五大臣专车。然而天不遂愿，机车与车厢挂钩时震动触发炸弹爆炸，仅载泽、绍英身受轻伤，吴樾则肠穿肢断，当场死去。这场帝都暗杀震动各界，桐城人吴樾从此名传天下，同盟会追认这位尚未入盟的革命者为同志。与此事有涉的杨毓麟却没有被官方怀疑，此前他已经成功谋得载泽随员一职，刺杀事发后仍得以五大臣随员身份出国，不过抵达东京后很快辞职脱离，几个月后正式加入同盟会。一年之后，当杨毓麟再次回到上海，已摇身变为《神州日报》总主笔，从此常以"寒灰"之名撰写社论。

《神州日报》命运多舛，创办一个月即遭大火重创，机器设备付之一炬。不过社长于右任乐观地认为，火灾乃除旧布新吉兆，报馆停工一天后继续运转。这份明显倾向革命的新报纸很快热销沪上，杨毓麟居功不小，他主持笔政一年多，发表文章超过50篇。于右任对他十分满意，称之为报馆最努力的一个，且"血性尤热烈过人"。

此言非虚，5年前杨毓麟已写就成名作《新湖南》，内容血性十足，其中专设《破坏》一章，呼吁"洗二百数十年积耻者在今日"，它的署名作者为"湖南之湖南人"。省籍意识觉醒于日本，各地留学生第一次明确按省籍结为行动共同体，他们的诉求并非鼓吹狭隘的地方主义，而是从地缘生发"民族主义"。1902年底，杨和黄兴、蔡锷、杨度等几位湖南人创立湖南编译社，出版《游学译编》，这个著名刊物很多文字出自杨毓麟之手，比如《自由生产国生产日略述》《纪十八世纪末法国之乱》《满洲问题》《续满洲问题》。《新湖南》就写于这段时间，它是将中国"一变而为地球上最少年之一国"（杨度语）的努力之一，文章鼓吹湘省带头为中国流血牺牲："吾四万万人之血，尚足以没胡人之顶，请自吾湖南始。吾四万万人之血，尚足以熏胡人之脑，请自吾湖南始。"

1902年刊行于东京的《新湖南》并非简单愤怒之词，霍布斯、洛克、卢梭这样的人物和西方政治理论不时出现其中，可惜它远没有之后《警世钟》《猛回头》《革命军》

那样轰动,后者用更加通俗的口号大声反抗,俘获了众多年轻读者。

到了1908年,杨毓麟远赴欧洲,摇身变为《民立报》"英伦通信"专栏作家。"英伦通信"和"美国通信"专栏是《民立报》卖点之一,这个报纸是于右任前赴后继出版事业的新篇章。杨毓麟不仅以同盟会驻英联络员名义为《中兴日报》《民立报》撰稿,还得以进入苏格兰爱伯丁大学学习。不过直到这时他对暗杀仍抱有兴趣。欧洲之旅开始前,杨毓麟撰文列举了11世纪至1908年的欧美暗杀事件,结果发现俄国暗杀最多。这是与专制制度斗争的结果,作者不无兴奋地分析说。1910年3月,汪精卫刺杀摄政王载沣未遂,轰动全国。炸药经化验显示来自英国,购办炸弹者据称正是杨毓麟。

然而一系列刺杀、起义归于失败,挫折感如影随形,如病魔一般折磨着这位暗杀先驱。当黄花岗起义失败的消息传来,他夜不成寐。诸多同仁喋血街头之际,时逢海外舆论瓜分中国之说再度甚嚣尘上,原本情绪低落的杨毓麟终于失控。

蹈海自杀行动计划得有条不紊,杨毓麟先把130英镑积蓄换成汇票,然后从爱伯丁买了一张三等火车票,在利物浦下车后他将钱汇给伦敦的石瑛和吴稚晖,附电两人把钱一分为二:100英镑为革命经费转寄黄兴;30英镑转寄母亲，并嘱其弟隐瞒自杀之事以免老母悲伤。受托两人均为国民党元老，吴稚晖自不必说，1907年创办《新世纪》周刊已让这位无政府主义者盛名在外；石瑛则为同盟会欧洲支部创始人，后任南京市市长，曾有"民国第一清官"之誉。接到电报后吴稚晖等人急忙赶往利物浦，可惜为时已晚，自杀者已转坐长途电车前往10多英里外的大西洋。

杨毓麟脱下衣服放置路边，内有一块金表和些许零钱，意在捐助经过的路人。为了让人明白他来自中国，衣服旁特意放了一把中国纸伞。"革命党之健者，炸裂弹之先导"就这样以平静而激烈的方式结束了自己的40年人生，自此永居异域。

杨毓麟一度反对自杀，称其为放弃责任之举。不过他又坚定地认为，各国文明皆由流血购来："自由犹树也，溉之以虐政府之血，而后生长焉"。冥冥之中，多次署名"蹈海生"的暗杀者似乎命运有此一劫。清末10年，郁闷的中国自杀者众多，留学生"愤死"事件仅散见记录就有12例之多，而"愤死"地点大半选择了大海，其中最早的3次都发生在前往日本的船上（据严安生）。作为一个革命者，杨毓麟可能是距离"胜利"最近的自杀者。如果再坚持几个月，他就能听到国内的好消息，并可以在不久的将来像吴稚晖那样从海外返回,投身新生的共和国,继续自己救国民"出苦海而上天"的理想。

六

1913年,商务印书馆推出《各国近时政况》一书,译者正是林觉民。对很多留日学生来说,作者小野冢喜平次的名字并不陌生。这位日本现代政治学开创性人物曾任法政大学法政速成科讲师,他的著作为清末民初中国流行政治学教材之一,尽管它更适合立宪派而非革命者。其中的国家学说被无数中国青年所关心,无论是激烈的林觉民还是更加温和的改革者。如何为一个更好的国家奋斗,几乎是他们共同的头号问题,为国家牺牲自己的肉体和精神,似乎在所不惜。

1912年,民国初立。年轻的蒋介石在日本创办《军声杂志》,发刊词称中国10年之内当行"开明专制"。国家主义理想下的威权领导模式,过不了多久即为蒋本人践行。未来的国民党领袖此时刚刚25岁,他希望中国的大总统"具华盛顿之怀抱,而用拿破仑之手段"。

几年以后,《新青年》有个作者却对"国家"表示怀疑,这篇名为《国家非人生之归宿论》的文章称,人民必须先确保自己的权利,才能"高建国家权利"。写作者名叫高一涵,像他这么想的知识人,一直属于少数派,从前如此,此后亦然。以国家和人民为号召的各种主义,1920年之后纷纷登场,随即展开惊心动魄的社会实验。

朱执信的衣冠冢距离黄花岗不远,这位革命理论家在广州起义中死里逃生,潜回香港。"自丁未以至辛亥,凡广东革命诸役,无一不与",出自汪精卫之手的《墓表》如此评价朱执信的功勋。因为没剪辫子,起义前他一直饱受嘲讽,黄花岗事败却不意借此脱身。留着辫子的朱执信对清王朝毫无留恋,1905年10月,《民报》第1号上撰文高呼"汉人欲立宪,则必革命"者正是此人,而他更著名的作品却是《共产党宣言》。

"朱先生是一个瘦瘦的书生,极和蔼可亲,但意志坚强,我们那时还不知道他是一个早在1905年就向中国介绍过《共产党宣言》的人"。亚东图书馆创始人之一汪原放回忆说,他的说法可能稍有误差,《德意志社会革命家小传》实际刊发于1906年《民报》2、3号。这并非中文出版物第一次出现"马克思",却是到那时为止最为系统的一次。早在1899年,《万国公报》已经用100多字介绍马克思和资本论说,《大同学第一章·今世景象》一文可能是首次介绍马克思及其学说的中文文章。稍后梁启超也敏锐注意到了"马克思"的存在,他的两篇文章《进化论革命者颉德之学说》(1902年)和《二十世纪之巨灵托拉斯》(1903年)均提及"麦客士"(马克思),并将之称为"社会主义之泰斗"。较之早期的"碎片化"描述,朱执信对马克思的理解更为深入,并且捕捉到内核所在。比如阶级斗争和资本家,前者他解释为"马尔克之意,以为阶级争斗,自历史来,其胜若败必有所基";对于后者,朱则按马克思之意将其定义为"掠夺者"。

值得一提的是,在朱执信1905年译作之后,马克思主义理论有很长一段时间在中国少有人问津,甚至直到中国共产党成立早期,很多人对此仍知之甚少。不过,清末著名无政府主义者刘师培一度热衷讨论"社会主义"和"共产主义"。无政府主义与社会主义一度紧密相连,实际上欧洲早期著名社会主义者蒲鲁东便是一位无政府主义者。创办于1907年6月的《天义报》出版后便成为"社会主义讲习会"刊物,这是刘师培在东京发起成立的一个组织。《天义报》不仅刊载《共产党宣言》译文,并且发表了中国人第一次为《宣言》所做的序言(1908年)。辛亥革命前,一些无政府主义者主张推翻现政府,并认定革命乃是迈向未来无政府世界的一种过渡和先导,因此刘师培说:"颠覆人治,实行共产"(1908年第1期《衡报》)。不过他也提醒说:"渐融于集产主义中,则以既认国家之组织，致财产支配不得不归之中心也。由是共产之良法美意亦渐失其真，此马氏学说之弊也。"将国学、无政府主义、社会主义混在一起的刘师培，因经济窘迫回国后转而与官方合作，成为很多人眼中的革命"叛徒"。

只活到1920年的朱执信，未能目睹马克思主义如此威力巨大，竟能左右此后中国命运。被孙中山召入广东离开上海时，他正准备大规模出版"建设丛书"（后改为"社会经济丛书"），已列出的16种图书中，马克思、恩格斯和考斯基作品皆在其列。入粤不久，朱执信被军阀所杀，遗骸后转至广州执信中学埋葬。这所学校创办于1921年，孙中山亲临当年开学典礼，正如孙氏所言，朱执信既是革命实行家，又为文学家。但无论是他还是林觉民，被历史铭记的却是一片刀光剑影，暴力是他们起身救国的第一选项，难以为之却不得不为。直到多年以后，硝烟散去，人们才会慢慢想起他们更为本色的书生形象。

1911年后同盟会复起"二次革命"，换身中华革命党，继而再变国民党，主宰中国政局数十载后风光不再，败退台湾。不过辛亥革命的正当性却在两岸始终保持一致，林觉民家书提供了社会记忆的共同文本，黄花岗则成为理所当然的瞻仰之所。"转眼黄花看发处，为嘱西风，暂把香笼住。待酿满枝清艳露，和风吹上无情墓。"到此一游的后来者,或许有人会偶尔想起黄兴这句凭吊之词,体会历史的几多激越与冷酷。辛亥年的牺牲者很难料想,1911年只是拉开了一场更大变革的序幕,而非终结。一幕幕缺少脚本的历史,此后惊心动魄地上演。

后　记

1921年4月30日，胡适在日记中写道："社会的改造不是一天早上大家睡醒来时世界忽然改良了，须自个人'不苟同'做起；须是先有一人或少数人的'不同'，然后可望大多数人的渐渐'不同'。"从某种意义上说，本书人物就是中国近代历史上的这批少数人，他们有时被称为改革者，有时被称为革命家，有时则徘徊于两者之间。如果一定要说他们有什么相似之处，可能就是不安于现状，试图刷新观念，更新传统，并以此改变国家和个人的命运。

而与之相反的其他多数人，状态是什么呢？我常会想起德国人李希霍芬1869年中国旅行日记里写下的那段话："所有人没有从事新营生以便改善生活的愿望和动力。他们只知道在祖先划定的路上前进，半寸都不敢偏离。每个人只是想挣口饭吃，任何前进的热情和冒险都没有。但是所谓的静止状态是不存在的，所以这个民族才在他们祖先曾经占过先机的那条路上不断地倒退着"。

这一组文章既非学术研究之作，也非游记，大概算是一种带有旅行视角的历史随笔。围绕的是个人而非历史事件，他们是一批"求变者"，有意无意间把自身置于近代中国政治、社会变迁的枢纽或转折之处，虽然有的人名气震天，有的人遮蔽于历史尘埃。

19世纪中叶后，新的思想和改革之举在中国纷纷登场，其中充满了失败、流血、阴谋和梦想。信奉历史必然论的人们或能给出各种信誓旦旦的解释，不过历史规律这种东西很难经得起推敲。就本书而言，显然更无意也无力得出什么结论，只能算以自己的眼光向芜杂的往事投去好奇的一瞥。

本书对人物的描写远非传记意义上的，我的兴趣可能仅为他们的几段人生切面，更感兴趣的是他们背后的历史波澜，因此细节和"故事"非常有限，常常显得严肃有余而生动不足。好在迈开脚步的走读，或能以勤补拙，稍加弥补。那些故居、墓地和纸牍结合，虽然并不总能带来巨大的新信息，却常常让历史别开生面。当然，前尘往事为后人布下了陷阱和想象空间，古今皆然。所谓眼见为实，经常并非如此。不过我总觉得，对一个有着文字崇拜的民族来说，文献里的字句尤其有着不同于现实世界的"纸上人格"，加入一些现场或物理内容作为注脚，历史情境将变得更加合理和清晰。麦考利说，一个完善的史家"应当使真实性具有吸引力"(《论历史》)。某种意义上,现场和实物确实能让"真实"散发新的魅力。

我对地理的兴趣虽然由来已久,正如谭其骧、顾颉刚先生很多年前在《禹贡》发刊词里写的,"历史是记载人类社会过去的活动的,而人类社会的活动无一不在大地之上,所以尤其密切的是地理。历史好比演剧,地理就是舞台;如果找不到舞台,哪里看得到戏剧!所以不明白地理的人是无由理解历史的,他只会记得许多可佐谈助的故事而已。"不到地理现场,不少史事难以被如此生动地理解。它颇似一扇小门或旁门,推开它后人可以更容易地直达历史深处,而那些政治正确的光芒也往往在风物和"现场"面前褪去神话色彩。何况近代西学东渐之始,"地理"对中国意义非凡,它裹挟着深刻的政治理念甚至价值观,众多得风气之先的19世纪中国人,求变的思路正是始于对"天下之中"观念的消除和自我文化的重新定位,明白古老的中国和遥不可及的"极西""泰西"一样,只是世界文明之一种,而她正面临被迎面而来的新世界击溃的危险。从外部世界重新理解自己的急迫、中西对峙中的醒悟与彷徨,没有什么比这种"历史感"更贴合那一两代中国精英的心理,正是在这个意义上我选择了徐继畬和张之洞作为本书的开篇。

与逝去的世界、人物对话无疑让人兴奋，也让人疑窦重重。选择哪些人"对话"，本身就充满了明显的主观色彩。历史自身究竟有无规律，这个问题似乎不是史学问题，而更像是一个"时间"问题，在 19 世纪以前它的答案是"有"，而现在却很难回答，因为"一封文件的丧失，一个男人或女人突然间所产生的一个狂念都曾改变历史的面貌"。虽说人类对历史的兴趣与生俱来，如今却少有人拥有斯宾诺莎那样的勇气，打算像考察线条、平面和体积一样考察人类的行为和欲望。对历史的探索，最可怕的事情莫过于得到一个圆满答案，这种自以为是不仅值得怀疑，也多少有点索然无味。可能正因如此，罗素才说"不偏不倚的历史学家，将是一个枯燥无味的作家"（《历史作为一种艺术》）。你可以不同意茨威格"历史如同小说"的判断，但历史的奥秘恐怕不是布罗代尔的细致或司马迁的文采所能解决的，人们当然可以给出如真理一样的回答，不过别忘记昆德拉那句，"每一个答案都将是一架捕捉傻鸟的夹子"。

对于思想史研究者、爱好者来说，"一切历史都是思想史"可能更加真实，观念以及通过它给杂乱无章的事实赋予意义和方向感也更加诱人。正是这些看起来虚无缥缈的"观念"或思想的一再变化，默默而深刻地影响、塑造了后来者的生活，无论它是美妙的还是糟糕的。本书中来到历史舞台的各位,早已从聚光灯下谢幕,却无疑影响着 20 世纪乃至今天的中国。不过这种影响究竟有多大,却很值得怀疑。我们看过太多如下一幕:历史经常绕了一圈又回到多年之前的某个出发点。让过去的事完全重复似乎绝无可能,不过押一样的韵脚却再司空见惯不过。每当此时,旧话只能重提,前人的认识和努力也不得不再来一遍。

最后需要说明的是,本书各章虽然都有一位主角,不过他们交织着更多的"配角",虽然不少人转瞬即逝。仔细的读者可能会轻松地发现,一些人一再出没其中,比如李提摩太和宋教仁。实际上,他们也是我非常感兴趣的"求变者",但限于各种原因,无法单独列为一个章节进一步展开,而是将其作为一种线索人物贯穿全书。本书部分章节里的部分内容曾刊发于《中国周刊》《文史参考》《炎黄地理》《旅行家》等杂志,不过多数内容是新文章,几篇旧文也做了较大增改。张謇那章是我和庄秋水女士共同撰写纪录片《张謇》的意外收获,在此感谢夏骏先生的邀请,这让我有机会接近这位不同凡响的状元企业家。不少想法无法在电视语言里表达,因此纪录片撰稿之外我另作发挥,收入本书。山西学者任复兴先生是另一位需特别感谢的朋友,他对徐继畬的研究和多年收集的历史材料,给我提供了很大帮助。第一章不少罕见文献来源于此。最后,特别向几位幕后的出版友人致谢:本书责任编辑潘美晨、赵静,认真而负责,职业精神和专业能力俱佳,是难得的文史编辑。汉唐阳光资深编辑李占苫是我的老朋友,对出版多有贡献。业内著名出版人、汉唐阳光创始人尚红科先生是本书的推动者,两三年前已发来稿约,这本小书原计划2018年出版,时值戊戌变法120周年,书中不少人物与此相关。由于本人的拖延,待其面世已是2019年春天。

翻过2018,迎来五四运动百年。仔细想来,新文化运动和五四运动中的思想变异,很多肇始于清末。两者之间若隐若现的关系一再被人注意,前人对传统的怀疑,20年后被更大的不满演变为一场"清算"。100年对一代人来说无疑意味着从摇篮到坟墓。对一个民族的思想或心路历程而言,则可能只是一小步甚至站在原处。后来者需要时刻提醒自己:究竟该如何凭吊过去,后来者又将如何"纪念"今天的中国。

李 礼

2018 年 11 月 北京

图书在版编目（CIP）数据

求变者：回首与重访 / 李礼著 . -- 太原：山西人民出版社, 2019.5
ISBN 978-7-203-10826-9

Ⅰ. ①求… Ⅱ. ①李… Ⅲ. ①中国历史－近代史－研究 Ⅳ. ① K250.7

中国版本图书馆 CIP 数据核字（2019）第 072701 号

求变者：回首与重访

著 者：	李 礼
责任编辑：	王新斐
复 审：	贾 娟
终 审：	李广洁
选题策划：	北京汉唐阳光
出 版 者：	山西出版传媒集团·山西人民出版社
地 址：	太原市建设南路 21 号
邮 编：	030012
发行营销：	010-62142290
	0351-4922220　4955996　4956039
	0351-4922127（传真）　4956038（邮购）
E-mail：	sxskcb@163.com（发行部）
	sxskcb@163.com（总编室）
网 址：	www.sxskcb.com
经 销 者：	山西出版传媒集团·山西新华书店集团有限公司
承 印 者：	北京汇林印务有限公司
开 本：	850mm×1168mm　1/32
印 张：	10
字 数：	200 千字
版 次：	2019 年 5 月　第 1 版
印 次：	2019 年 5 月　第 1 次印刷
书 号：	ISBN 978-7-203-10826-9
定 价：	58.00 元

如有印装质量问题请与本社联系调换